中国横向物流协同研究

张晓燕 著

中国社会科学出版社

图书在版编目（CIP）数据

中国横向物流协同研究／张晓燕著. -- 北京：中国社会科学出版社，2024.10
　ISBN 978 - 7 - 5227 - 3636 - 5

Ⅰ.①中… Ⅱ.①张… Ⅲ.①物流管理—研究—中国 Ⅳ.①F259.221

中国国家版本馆 CIP 数据核字（2024）第 110703 号

出 版 人	赵剑英
责任编辑	黄　晗
责任校对	王　龙
责任印制	张雪娇

出　　版	中国社会科学出版社
社　　址	北京鼓楼西大街甲 158 号
邮　　编	100720
网　　址	http://www.csspw.cn
发 行 部	010 - 84083685
门 市 部	010 - 84029450
经　　销	新华书店及其他书店
印　　刷	北京明恒达印务有限公司
装　　订	廊坊市广阳区广增装订厂
版　　次	2024 年 10 月第 1 版
印　　次	2024 年 10 月第 1 次印刷
开　　本	710×1000　1/16
印　　张	15
插　　页	2
字　　数	193 千字
定　　价	98.00 元

凡购买中国社会科学出版社图书，如有质量问题请与本社营销中心联系调换
电话：010 - 84083683
版权所有　侵权必究

前　言

　　作为物流创新的一个突出主题，横向物流协同在企业界得到了广泛的推广和应用。特别是在新发展格局下，行业和企业更加重视物流成本降低和效率提升。他们发现，与同行合作，整合彼此资源，实施共享价值创造，是有效途径之一。

　　横向物流协同是在供应链同一水平上运作的具有类似或互补物流功能的各类专业物流服务企业之间的合作，具有典型的竞合性质，参与者既是合作者，又是竞争者，天然存在着冲突。竞争性带来机会主义，合作要求兼容性以克服各种复杂性和不确定性，因此，横向物流协同既存在竞争者的机会主义行为风险，又保持着合作者的相互理解和信任。

　　互为竞争者的物流服务提供商开展横向协同进行价值共创的实现路径是怎样的？推动相互竞争的企业进行合作的价值主张是什么？促进协同持续和成功进行的运作治理机制有哪些，作用过程和方式如何？这是本书研究的主要问题。

　　本书以地处西部 6 个省份的 801 个专业物流服务提供商为研究样本，围绕它们进行了 41 个专家访谈，分析总结出物流服务提供商通过横向物流协同实现绩效提升的联合价值主张和协同运作机制，并特别关注关系治理机制和联合价值主张的作用，此外还关注了物流集群为横向物流协同创造的发展环境。本书适合专业物流企业管理者和从业者阅读，特别是横向物流协同实现路径和运作机制对实践具有一定的指导意义。

本书呈现出国内外横向物流协同发展研究的基本脉络和现状，构建的横向物流协同研究的理论框架模型可为后续研究奠定基础；利用扎根研究构建的联合价值主张表现出中国情境下横向物流协同的诸多不同；利用801个企业数据分析了信任与承诺和伙伴相似性在横向物流协同中发挥的重要中介作用，并将联合价值主张分为"成本主张"和"效益主张"，阐释了两者的背反性在实践中的作用。

本书的编写过程得到了中国社会科学出版社和西北师范大学管理学院的大力支持，特别是黄晗老师自始至终的工作支持。在本书的编写过程中参考了大量的国内外文献，有的在参考文献中列出，有的可能有所遗漏，在此对有关作者和出版机构一并表示感谢！

由于作者水平有限，书中难免存在缺点和错误，敬请读者批评指正！

2023 年 5 月

目　录

第一章　绪论 …………………………………………………… （1）
　第一节　研究背景和意义 …………………………………… （1）
　第二节　研究中的核心概念 ………………………………… （4）

第二章　横向物流协同研究现状与发展 ……………………… （8）
　第一节　协同与企业横向关系 ……………………………… （11）
　第二节　横向物流协同研究脉络与现状 …………………… （15）
　小　结 ………………………………………………………… （25）

第三章　横向物流协同研究综述 ……………………………… （26）
　第一节　横向物流协同的联合价值主张 …………………… （30）
　第二节　横向物流协同的价值创造方式 …………………… （38）
　第三节　横向物流协同运作机制 …………………………… （43）
　第四节　横向物流协同的价值体现 ………………………… （67）
　第五节　研究评述 …………………………………………… （70）
　第六节　理论模型构建 ……………………………………… （72）
　小　结 ………………………………………………………… （75）

第四章 物流集群对横向物流协同的调节效应研究 (76)
- 第一节 问卷设计与调研 (76)
- 第二节 物流集群对横向物流协同的影响 (82)
- 第三节 假设提出与模型构建 (83)
- 第四节 "横向物流协同"价值创造方式测量模型 (85)
- 第五节 横向物流协同绩效提升测量 (95)
- 第六节 主效应及物流集群的调节效应研究 (100)
- 小 结 (106)

第五章 横向物流协同的关系治理机制
——关系治理的中介效应研究 (108)
- 第一节 假设提出 (108)
- 第二节 "信任与承诺"测量与中介作用检验 (110)
- 第三节 "伙伴相似性"测量与中介作用检验 (121)
- 小 结 (132)

第六章 横向物流协同的联合价值主张
——基于扎根理论 (134)
- 第一节 扎根理论方法 (135)
- 第二节 数据收集 (137)
- 第三节 横向物流协同的联合价值主张模型 (138)
- 第四节 横向物流协作联合价值主张的作用机制 (147)
- 第五节 中国横向物流协同联合价值主张模型的创新之处 (150)
- 小 结 (154)

第七章 联合价值主张的调节效应研究 …………………（155）
　　第一节　横向物流协同联合价值主张的测量 …………（155）
　　第二节　成本主张的调节效应 …………………………（161）
　　第三节　效益主张的调节效应 …………………………（168）
　　小　结 ……………………………………………………（177）

第八章 结论与展望 ………………………………………（178）
　　第一节　研究结论 ………………………………………（178）
　　第二节　研究不足与展望 ………………………………（181）
　　第三节　对策与建议 ……………………………………（182）

参考文献 …………………………………………………（186）

附录Ⅰ　预调查问卷 ……………………………………（217）
附录Ⅱ　调查问卷 ………………………………………（223）
附录Ⅲ　深度访谈题目 …………………………………（228）

第一章 绪 论

第一节 研究背景和意义

一 研究背景

物流创新的一个突出主题是横向协同（Cruijssen，2020；Chu 等，2018；张培，2020；崔鑫等，2023），其本质是处于供应链同一水平上具有竞争关系的物流服务提供商（Logistics Service Provider，LSP）在物流业务上的合作，常被称为横向物流协同（Horizontal Logistics Collaboration，HLC）。

新的研究提出横向物流协同是应对新发展格局和突发事件，实现全球和区域物流成本降低与效率提升的有效方式（Zhang 等，2023；Badraoui 等，2022；Giovanni 等，2021；Ma 等，2020；Cruijssen，2020）。基于服务主导逻辑的价值共创理论认为，企业会与利益相关者通过合作，整合彼此资源，实施价值创造，共享价值创造的利益（Vargo 等，2004；刘念等，2020；刘宗沅等，2022；孙凤娇等，2022；王昊等，2023）。作为利益追求者，LSP 有提升专业能力，提高其整体效率，保持长期竞争力的横向合作动机（Bai 等，2008；Sallnäs，2016；Mancini 等，2021；

张洪等，2021）。实践中，欧美的发展经验表明，LSP 常常通过多种形式与同行进行合作来实现降本增效的目的（Carbone 和 Stone，2005）。相关报告数据表明，2015—2020 年，欧洲政府机构和行业协会花费了数千万美元推动横向物流协同项目发展（Cruijssen，2020）。在中国，为了进一步降本增效，《综合运输服务"十四五"发展规划》指出要培育物流发展新增长点，鼓励不同运输方式共建共享设施设备，发展"云仓"等共享物流模式，鼓励运输企业跨行业联营合作，推进城市配送全链条信息交互共享，推广标准化物流周转箱循环共用行动，等等，实现横向物流协同形式发展。这推动众多区域物流公司、专线公司、3PL 等中小型物流服务提供商聚合运营趋势加剧（石岿然等，2017；徐小峰等，2021）。一大批极具规模的专线平台企业和仓储联盟等应运而生。新冠疫情更是促使冷链行业中众多中小微物流服务提供商抱团取暖，建立和完善冷链物流公共平台，探索冷链共同配送……LSP 之间的横向协同运作开始在各个物流功能方向上进行（苏昕等，2021；中国物流与采购联合会，2022）。

但并非所有学者和企业都接受和认可横向物流协同。横向物流协同具有典型的"竞合"特征，但理论上讲，避免与竞争对手进行合作是企业的理性选择（Saxton，1997）。因为作为竞争者，LSP 之间进行的横向协同尝试也常带来投机行为（Badraoui 等，2022；Heuvel 等，2014）、冲突（Vanovermeire 等，2014）、灵活性降低（Wallenburg 和 Schäffler，2016）、协调和管理成本上升等风险（Franco 等，2019；Bouncken 等，2015），这造成欧美国家 17%—30% 的失败率（Badraoui 等，2022；Cruijssen，2020；Schmaltz 等，2011）。也因为害怕失败，中国物流行业的整体参与度极低（中国物流与采购联合会，2022）。

因此，LSP 到底该如何进行横向物流协同，处理好合作和竞争的关系，推进合作持续进行和成功实施，逐步得到理论界的关注（Guo 等，

2022a；Giovanni 等，2021；Cruijssen，2020；Badraoui 等，2019；崔鑫等，2023；张晓燕等，2016）。但是目前，理论研究相对薄弱（Badraoui 等，2022；崔鑫等，2023；张晓燕等，2016）。

事实上，管理 LSP 之间的竞争性合作关系是一个特殊挑战（石岿然等，2017）。LSP 之间能否形成良性的竞合关系主要取决于双方的合作动机、相互信任程度、文化契合度、是否明确双方责任及冲突解决机制，以及是否建立了有效的整合和沟通机制等方面（Vargo 等，2004；Bai 等，2008）。情况不同，横向物流协同的效果就有所不同（Cruijssen，2020）。竞合理论认为，企业要通过协同增效创造合作价值，增加收益，同时通过合理竞争争取各自更大份额的收益（Brandenburger 等，2006；Wilhelm，2011）。

那么，互为竞争者的物流服务提供商开展横向协同进行价值共创的实现路径是怎样的？推动相互竞争的企业进行合作的价值主张是什么？促进协同持续和成功进行的运作治理机制有哪些，作用过程和方式如何？本书的研究逻辑和科学问题如图 1-1 所示。

实践活动	理论研究	科学问题
1. 欧美经验表明，横向物流协同有效，但失败率高。 2. 国内物流服务提供商报团取暖趋势明显，但整体参与度低。	1. 横向物流协同具有典型竞合特征，但似乎不符合企业的理性。 2. 参与条件不同，横向物流协同的效果不同。	1. 促成互为竞争者的物流服务提供商进行横向协同的核心价值主张是什么？ 2. 推动协同持续和成功的运作治理机制是什么，作用路径如何？ 3. 联合价值主张和关系治理机制在协同中发挥怎样的作用？

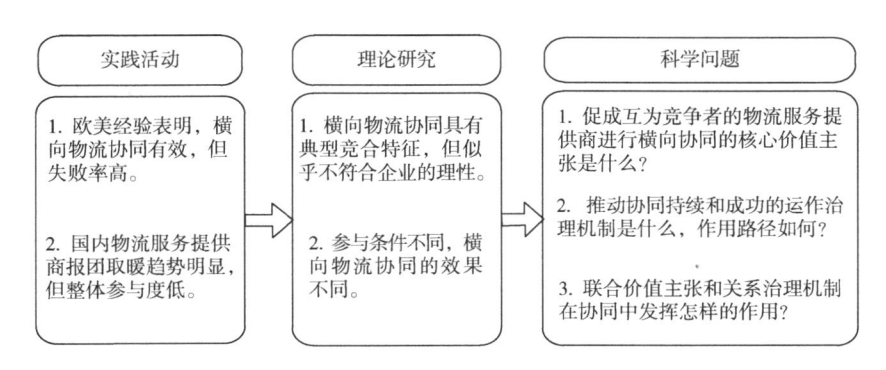

图 1-1 研究逻辑和科学问题

二 研究意义

本书从处于供应链同一水平上具有竞争关系的物流服务提供商进行

横向业务协同的角度为中国物流业的降本增效开辟了一个新的研究思路。

理论上，首先，LSP的横向合作行为是典型的竞合行为，对该行为的研究是对竞合理论异质性主张在物流领域的深入分析和深度解释；其次，物流服务提供商之间的横向协同实质上是追求价值共创的过程，通过研究联合价值主张分析其内驱机制，识别驱动和障碍因素，为价值共创理论在物流协同领域的研究与应用做出尝试；再次，本书通过研究关系治理、联合关系努力和信息沟通机制等解释物流服务提供商在寻求同行协作过程中所做的努力及其原因，通过价值共享机制解释合作者之间的竞争原则，是竞合理论的深入应用；最后，本书试图借助合作博弈论，建立适合于横向物流协同，尤其是中国物流服务提供商之间利益分配和成本分摊的修正方法，解释横向协同的价值分配方式，是对博弈论在物流领域的修正与扩展。

实践中，第一，横向物流协同价值实现路径为企业的物流业务合作提供具体方式和绩效评价指导；第二，联合价值主张的内驱机制分析对标LSP，为提升其动力，清除实施障碍提供实践指导；第三，运作治理机制研究试图揭示信任与承诺、伙伴选择、合同和计划以及信息技术能力等在HLC过程中发挥的作用及路径，有助于LSP有针对性地采取措施，推动协同持续和成功进行。

第二节 研究中的核心概念

一 物流服务提供商

具备单项或综合物流功能，并对外提供相应服务的企业被称为物流服务提供商（LSP），可以是专项运输企业、货代企业、仓储企业、加工企业，也可以是第三方物流企业（3PL）或第四方物流企业（4PL）。

二　横向物流协同

在供应链同一水平上运作的具有类似或互补物流功能的各类 LSP 之间的合作被称为横向物流协同（HLC）。HLC 的成员既是合作者，又是竞争者，天然存在着冲突。竞争性带来机会主义，合作要求兼容性以克服各种复杂性和不确定性。因此，HLC 既存在竞争者的机会主义行为风险，又保持着合作者的相互理解和信任。

三　绩效提升

企业通过 HLC 实现的绩效改变，主要体现在客观表现和企业对此的主观感受和评价上。主观评价是企业对绩效的感知程度，客观表现一方面在于财务数据的变化，另一方面在于协同成功比例和协同关系持续时间。鉴于财务数据获取难度较大，本书利用"协同成功率"整体衡量效果，利用"关系持续时间"个别评估协同水平。

四　物流集群

物流集群是 LSP 在一定空间范围内集聚互动而产生的具有协同效应的系统。该系统具备空间地理集聚、组织业务互动、物流功能集中等特征，物流集群为 LSP 带来了良好的协同氛围与环境。

五　关系治理机制

企业之间的经济交易会嵌入持续的社会关系结构中，构成关系治理机制，主要包括信任与承诺、伙伴选择，两者有效阻止了公司间的机会主义行为。

信任与承诺是 LSP 与每个合作伙伴之间的相互信赖和彼此做出的行

动保证，是合作伙伴对对方使命、行事原则和价值观的理解，会促进横向合作关系的产生。彼此信任的合作伙伴也会表现出对关系的更多承诺，因为他们会更有信心为合作的成功做出必要的努力。LSP之间的信任与承诺可以分为情感信任和能力信任。前者基于主观判断，后者基于客观评价。信任与承诺有效解决了对机会主义的担心，常常扮演中介变量的角色。

伙伴相似性是选择伙伴时最重要的考量因素。合作伙伴在文化、能力和市场等方面的相似性，常与互补性对应，指向协同伙伴之间的能力差异和资源对等程度。文化相似性反映了企业文化和运营管理风格的相似性；市场相似性反映了协同伙伴分销网络之间的共同性、重叠的地理范围和客户组合；能力相似性反映了合作伙伴之间的业务活动和核心能力的重叠程度。伙伴相似性常常扮演中介变量的角色。

六 联合关系努力

协同行为必须遵守的合同和严谨的计划，构成了HLC的正式治理机制，被视为协同各方作出的联合关系努力。

七 信息沟通机制

横向物流协同的实质是高效的信息共享。信息沟通机制有助于克服信息不对等带来的风险。信息技术能力是基础，有效的信息沟通方式（模型）是途径。

八 价值共享机制

横向物流协同要求伙伴之间建立一种利益分摊、成本共担和成本节约分配的责任机制，被称为价值共享机制。不同的价值共享方法可能会带来不同的协同成果。

九 联合价值主张

联合价值主张是 LSP 进行横向物流协同的原因和主要动机。按照作用，可以分为一般价值主张和核心价值主张。一般价值主张指的是企业进行横向物流协同的考虑因素，包括基础要素、支持要素、动态能力价值和价值提升。核心价值主张可以分为成本主张和效益主张，成本主张反映了 LSP 在进行横向物流协同时所追求的运营成本和人力成本的下降以及资源浪费的减少，效益主张包括 LSP 对扩大市场、提升服务、提高应急能力方面的追求。

第二章　横向物流协同研究现状与发展

为了保持长期竞争力，各类专业物流服务提供商（LSP）开始寻找广泛的共享经济发展，形成持续性的协同（Cruijssen，2020），以此集中专业服务，提高运作效率（刘燕琪，2021；Sunil 等，2022；Luthra 等，2022；Sheffi 等，2019）。

LSP 主要有两种物流协同形式，分别是纵向协同和横向协同。

纵向协同一般指处于供应链上不同层面上的企业（例如供应商和零售商）之间的合作，最常见的表现形式是供应商（客户）与物流服务商之间的物流业务合作（Leitner 等，2011）。目标是建立互利合作，提供互补服务，以避免不必要的物流成本（Verdonck，2017）。供应商管理库存（VMI）是一个众所周知的例子，供应商为零售商做出订单数量、装运和时间安排等补货决策（孙彩虹等，2022；Hacardiaux 和 Tancrez，2022）。这是供应链发展过程中的一种古老做法，也是在过去几十年中供应链研究的重点。

随着世界新发展格局的形成和疫情常态化发展，LSP 面临不断降低成本的要求和应对多样化客户需求的局面（Sallnäs，2016；Sheffi 等，2019）。最新的研究提出横向物流协同是应对全球和区域物流成本降低与效率提升的有效方式（Giovanni 等，2021；Cruijssen，2020），也是实现"双碳"目标,提升竞争优势的方式之一(Berlin 等,2022)。横向物流协同是一种跨链协同,其本质是处于不同供应链同一水平上具有竞争关系的 LSP 在物流业务上的深度合作(Badraoui 等,2022;Cruijssen,2020;Vanovermeire 等,2014)。这种高度的专业协同能有效提升 LSP 的企业绩效,降低成本,促进创新,减少污染等环境问题(张培,2020;Maria 等,2021;Sheffi 等,2019;Vanovermeire 等,2014),进而促进国家和地区物流业高质量发展。

从理性的视角看,规避与竞争对手的合作才是企业常态(Saxton,1997),因为同行的竞争会增加投机行为的威胁,造成横向协同极高的失败率(Badraoui 等,2022;《中国物流投资促进年度报告》,2016)。

但近年来,欧美呈现出不同的状态,互为竞争者的 LSP 之间常常通过运输联盟、战略与战术数据共享、物流订单共享、货物合并、协同库存、设施共享、人力资源共用、同步物流等多种模式实施价值共同创造,实现降本增效的目的(刘大鹏,2010;刘建国,2011;Sheffi 等,2019;Basso 等,2021)。荷兰政府在 2010 年启动了供应链跨链控制中心(Cross Chain Control Centres,4C),被视为"供应链管理的下一个革命性步骤"。除了每年为荷兰经济带来 18 亿欧元的附加值,还能使公路货运车辆行驶里程减少 2500 万千米,并减少伴随而来的 CO_2 排放量 25000 吨。现在,4C 已转变为一个新的项目,更直接地面向可持续发展的经济和社会目标。2013 年,欧洲物流协同创新联盟(Alliance for Logistics Innovation through Collaboration in Europe,ALICE)成立。其目标是通过新概念和方法消除可能的障碍,实现欧盟物流效率的突破,实现欧洲不同网络所有者之间更紧密的合作,旨在推动欧洲交通创新、效率和合作新浪潮。2015—2020 年,欧洲政府机构和行业协会花费了数千万美元推动横向物流协同项目发展(Cruijssen,2020)。实践证明,横向物流协同在全球供应网络中实现了物流成本降低，资源协同使用，在效率和可持续性方面都有显著的收益。预计到 2030 年，欧洲物流效率将提高 30%（Sternberg 等，2021）。

在中国，总体上，LSP 规模小，实力弱，服务能力低，主要以价格竞争方式获取客户（中国物流与采购联合会，2022），物流绩效有待提高（国家发展和改革委员会、交通运输部，2018）。新冠疫情常态化加剧了 LSP 运营危机，也促使冷链行业中众多中小微 LSP 抱团取暖，建立和完善冷链物流公共平台，探索冷链共同配送。为此，《综合运输服务"十四五"发展规划》（2021）和《中华人民共和国国民经济和社会发展第十四个五年规划纲要》专门指出要培育数智物流新增长点，以各种共享物流模式进行物流协同活动。政策推动中小型 LSP 聚合运营，德坤、聚盟、三志、天地汇、传化物流、蚁链等一大批极具规模的专线平台企业应运而生，中仓储物联云仓、奥玛物流仓储联盟等平台相继出现，LSP 之间的横向物流协同运作开始在各个物流功能方向上进行（中国物流与采购联合会，2020）。

实践的发展受到学界的广泛关注（Zhang 等，2023；Giovanni 等，2021；Maria 等，2021；Badraoui 等，2022；Cruijssen，2020；Franco 等，2019；Palmieri 等，2019；Pomponi 等，2015）。学者将这种处于供应链同一层面上的竞争者之间的物流业务合作称为横向物流协同（HLC）。

Cruijssen 等（2007）最早提出了基于物流的横向合作的定义，是两个或多个公司在供应链的同一水平上合作执行类似的物流功能，它是改善物流运作的有效途径。Vanovermeire 等（2014）从运输角度做出定义：在供应链同一水平上运作的具有类似或互补运输需求的企业之间的捆绑运输——可能是供应商之间，也可能是客户之间，或者 LSP 之间的物流合作。Rodrigues 和 Irina（2015）进一步指出，运输作为物流活动的主要功能之一，是 HLC 的一项重要协同内容，但也应包括仓储、配送等其他物流活动的协同（徐小峰等，2021）。这得到了诸多学者的认可（Mrabti 等，2022；Defryn 等，2016；Sheffi 等，2019；Ding，2019；Sallnäs，2016）。也有学者认为，HLC 就是专门从事物流服务的 LSP 之间的合作（Liu 等，2020；Ho 等，2019；Schmoltzi 等，2011）。

第一节 协同与企业横向关系

一 "协同"词汇的比较

对"协同"的研究，学者用词比较随意（Rodrigues 和 Irina，2015），常见的有 synergy、collaboration、coopetition、cooperation、coordination 等。这些词语在语义上区别不大（Shah，2012），大多数学者在进行研究时将其混用，但也有一些学者尝试做了区分（Zacharia 等，2009；Rodrigues 和 Irina，2015）。以 Lambert 等（1999）的研究为基础，Cruijssen 等（2007）认为"coordination"（协调）更多用于多个企业的事业单元之间的合作（Shah，2012），强调不同企业事业部门之间的沟通工作。"cooperation"可以涵盖从交易关系到合资企业等各种类型的组织间的相互关系（Mentzer 等，2000），适用范围广。"coopetition"（竞合）被用来说明组织之间的关系范式（Kleer，1991；Maria，2010），由"cooperation"和"competition"合并而成（Bouncken，2015），既强调合作，又重视竞争。学者认为，企业通过合作创造价值，通过竞争利用价值（Bengtsson 等，2000）。

Shah（2012）在总结以往研究的基础上建立了"Collaboration Model"（协同模型），认为"collaboration"是一个总括的术语，内容最丰富，涵盖性最强，无论是信息交互、目的、企业间的信任程度、人员参与度，还是参与方的利益对称性、对协同的认识水平都是最高的，需要进行更加紧密的整合；而 cooperation、coordination 等词的合作、信任水平逐层降低。但所有的形式都需要共享信息，以"communication"（沟通）为基础。

学者们极少将"synergy"与其他词汇进行比较，但常被用于说明协同的综合效益（Synergy Effect），这也体现出"synergy"事实上并不是企业之间协同关系的外在表现，而是内在本质。

基于以上研究，本书认为，collaboration、coopetition、cooperation、coordination、synergy 都是企业处理相互关系的外在形式，它们都表明企业之间的协作关系。coordination 是不同组织的事业单元之间进行的合作；cooperation 是拥有相同利益的不同企业参与计划、谈判、共享资源以达成共同目标的协同过程；coopetition 专指竞争性组织之间的合作；collaboration 更加强调通过信息共享、风险共担来实现收益共享，是不同企业间求同存异、谋求共同利益最大化的过程（Jouida 等，2021）。但无论何种协同，都以信息沟通与交互为基础，因此可以说信息共享是协同存在的必要条件。而各种协同活动都以追求协同效应 synergy，即整体绩效大于个体绩效之和为目的（Luthra 等，2022；Mrabti 等，2022；Zineldin，2004；Rodrigues 和 Irina，2015，Brekalo 等，2013）。图 2-1 说明了这种关系。

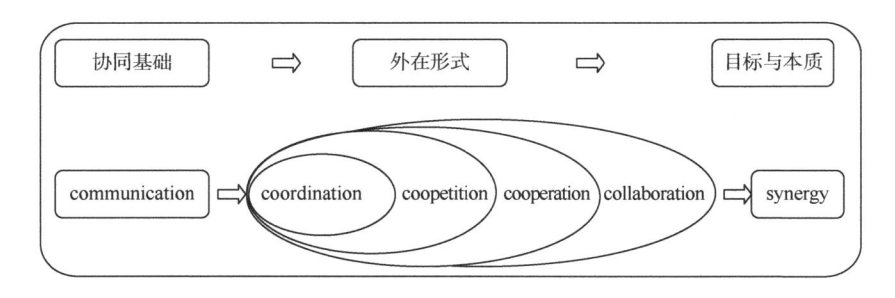

图 2-1　communication、coordination、coopetition、cooperation、collaboration 与 synergy 之间的关系

二 企业横向关系

企业横向关系被视为竞争者之间的联系（Cruijssen，2020）。许多学者（张晓燕等，2016；Lambet 等，1999；Schmoltzi 等，2011；Rodrigues 和 Irina，2015）的研究都发现，越是各方面相似的企业，进行横向联系的可能性就越大。

Lambert 等（1999）基于协同关系的持续时间、幅度、紧密度等列出了企业之间的三种联系：近距离、横向合作、横向整合。这三种关系最初说明了纵向供应链关系，现在也用于横向整合。在近距离关系（Arm – Length）中，企业的沟通是偶然的，公司合作时间很长，交换很少。横向合作是一种真正的合作，其中协同程度最高的是"战略联盟"。企业间这些基于信任、开放、风险和回报而建立的合作关系，能够提升竞争力，并带来比单独行动大得多的绩效。横向整合则通过管理各种因素达到整体绩效提升的目的（Hoang 和 Rothaermel，2005，2010；Vsy 等，2022）。

Haksnsson 和 Persson（2007）认为，企业之间建立横向合作关系更多是为了创造联合价值（Sheffi 等，2019），他们依据企业追求的价值不同，建立了原始 HP 模型，将企业横向协作关系分为分布式（Distributive）、功能性（Functional）和系统性（Systemic）三种类型。在分布式协作关系中，企业通过他人的中介联系，从相似性中获益；功能性协作关系通过直接连接其他企业进行规划协调，是多个公司的跨边界活动和职能联系；系统性中，企业是企业进行系统协作解决问题的关系形式，是多个企业建立的系列性相互依赖关系。Wang 等（2016）在此基础上建立了 HP 发展模型，将企业横向关系归结为注重促进客户端间连接的网络外部性分布式关系和强调协作类别之间的相互作用价值逻辑交互关系，并认为知识共享、共同的绩效标准和基础设施开发或服务创新方面的广泛互动是促进企业横向价值创造的基础（Vsy 等，2022；刘宗沅等，2022）。

Carter 等（2011）指出，公司动机、互动的密切程度、距离等都是企业横向合作关系的重要影响因素，并提出了共存、合作、竞争、竞合和共谋是竞争企业之间的常见关系。但 Bengtsson 等（2010）认为，共谋关系是竞争企业通过合谋损害其他企业利益的行为，应该排除；按照企业之间的交互程度和类型，保留共存、合作、竞争和竞合四类横向关系。共存的竞争者互相知道对方，仅进行信息和社会交换，没有任何经济交互；合作的竞争者通过正式和非正式联系，进行频繁的商业、信息和社会交互；竞争的企业之间相互追随，交互直接而简单；竞合关系最复杂，是竞争者基于与价值链有关的功能，通过正式的协议建立信任关系并进行合作，同时基于在商业网络中的位置和力量进行竞争。企业横向协同实质上是竞争者之间的合作。

同一时期，Wilhelm（2011）通过横向供应链关系特别关注和管理竞合关系，认为合作与竞争之间的内在张力是供应网络的特征。竞争需要合作行动（即"合作以竞争"）。他们将这种紧张关系定义为合作竞争，将其视为一种新的战略视角，更充分地描述了组织间关系的现实。合作是为了实现共同目标；竞争则是与在结构上对等的同行争夺稀缺资源；合作性竞争与网络成员之间已经发生的合作兼容，比一般市场竞争更先进，因为通过供应链上的横向企业关系产生的不同信息透明度会导致"能力建设竞争"，企业通过竞相提升自身能力来提高综合竞争力，例如通过流程改进来进行横向协同，会提升企业降低价格的能力（刘燕琪，2021；Cruijssen，2020）。

因此，企业之间建立的横向合作是一种持续的协议，合作伙伴通过共享能力、基础设施、技能和人力资源以及信息来扩展他们的专业知识（Wiengarten 等，2010）。这种合作的目标可能包括增加对技术威胁和机遇的认识，提高产品开发能力和制造效率（Cruijssen，2020），还包括改进创新过程、企业业务和制造战略以及公共政策（Sheffi 等，2019；张洪等，2021）。考虑到这些优势和特点，各个产业的企业都会从基础设施开发、合作合同形成、创新产品研发等方面鼓励横向合作，各成员为商定的不同目标提供不同的资源和专门知识。

第二节 横向物流协同研究脉络与现状

如前所述，横向物流协同是企业应对市场发展需求和实现双碳目标的有效方式（Berlin 等，2022；Cruijssen，2020），本书关注于此，利用文献计量工具对现有的横向物流协同研究进行分析，可视化呈现横向物流协同研究的脉络与现状。

一 文献检索和文章选择

文献计量研究能提炼和总结理论研究的脉络和发展状况。国内外学者利用文献计量工具就物流供应链服务的相关领域做过类似的研究（胡娟等，2021；张晓燕等，2016；芦彩梅等，2015；Lazzeretti 等，2014；Cruz 等，2010）。本书主要选取 WoS（Web of Science）核心合集（主要是 SCI/SSCI）中的英文文献，时间截至 2022 年 12 月 31 日。

在确定物流类主题词、协同类主题词和排除类主题词后，形成以下检索式进行检索：TS = horizont* and logistic* and (Collaborat* or Synerg* or coopetit* or cooperat* or coordinat*) not (cluster analysis or logistic regression)。

结合物流服务的基本特征和前期可视化分析结果，检索类别被确定为经济学（Economics）、运输（Transportation）、城市研究（Urban Studies）、管理（Management）、商业（Business）、环境研究（Environmental Studies）、运筹学与管理科学（Operations Research Management Science）；文献类型为文章和书籍章节，共得到 1024 篇文献。通过读文献摘要的方式对文献进行筛选，发现存在一些供应链纵向物流协同研究的文献。

对这些文献进行全文阅读后，若发现未涉及横向物流协同研究，就去除；若存在，则保留，最终得到 893 篇文献。利用 Citespace 软件对这些文献进行计量分析，可以发现"横向物流协同"国外研究的基本情况。

国内文献的选择在 CNKI 中进行，初步检索发现研究较少，在对文献出处进行进一步筛选（CSSCI）后，仅保留了 23 篇文献，不足以进行可视化研究。鉴于此，可视化研究仅限于 893 篇外文文献，不再汇报中文文献。

二　研究脉络与现状

（一）研究在增长

对检索得到的 893 篇关注和研究"横向物流协同"的文献进行分析，第一篇研究文献出现在 1981 年，随后逐年增多，至 2021 年达到 153 篇。同时，刊发此类文献的期刊数量也逐步增加，所有年度中，共有 145 本学术刊物发表此类文献；2021 年最多，为 120 本。图 2-2 描述了 1981—2022 年的变化。

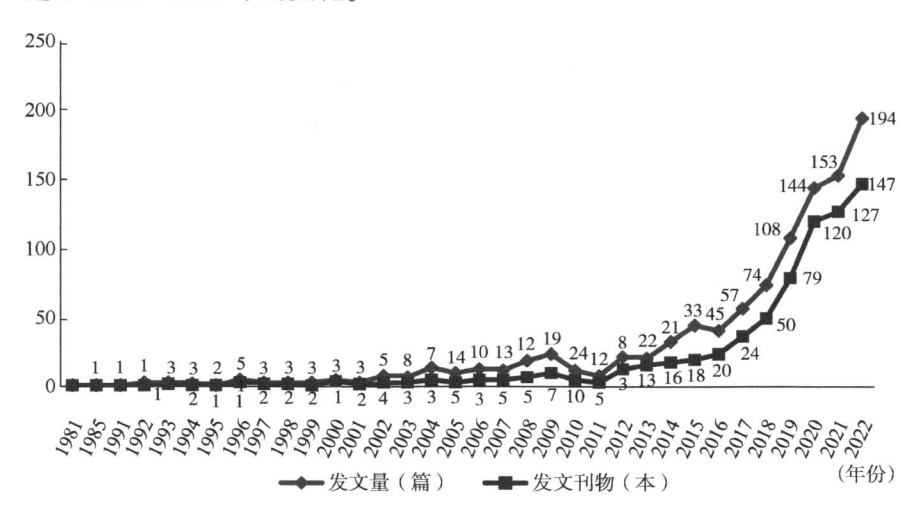

图 2-2　横向物流协同研究发文量和刊物数量

从发文数量上看,"横向物流协同"的研究可分为三个阶段:第一阶段(1981—2004年),每年的研究文献不超过10篇,特别是总体增速比较平缓,发表该类研究论文的期刊数量与论文数量几乎一致。此时的研究主要集中在分散的物流与运输问题解决、区域和企业物流管理实践等方面,其关注的重点在于企业的社会关系。第二阶段(2005—2011年),研究数量有较大增长,平均保持在15篇左右,2007年出现了第一篇专门研究HLC的论文(Cruijssen等,2007),2009年达到较高的24篇。但随着学者对纵向物流协同的关注增加,2010年和2011年研究数量略微下降。该阶段,对横向物流协同的研究大多关注"city development"(城市发展)、"economic growth"(经济发展)、"research and development"(服务和技术的研发)等方面。此时,研究的主要方法是cluster analysis(聚类分析)。该阶段,横向协同、供应链管理成为热点,随着经济地理概念的兴起,也较多地从集群集聚的角度展开研究;专业期刊对研究的关注度也有提升,一些期刊开始在同一年内多次刊发相关文献。第三个阶段(2012年至今),"HLC"研究呈现井喷状态,无论是文献数量还是出版刊物都大幅增长,许多学者关注到世界各国出现的HLC现象,并展开了深入细致的研究。特别是近年来,随着可持续发展问题和双碳目标的提出,这两个主题成为新的热点,HLC作为实现这两个目标的有效途径之一,持续升温。同时,质性研究方法也成为一种较为主流的研究方式。

(二)研究的关注点

文献中的高频关键词能反映出学者普遍关注的议题,因此对关键词进行词频分析可以反映出学科研究的前沿(陈超美等,2016)。本书通过遴选得到的893篇文献,共有1389个不同的关键词,总计出现62780次,平均每词出现4.52次,其中426个关键词一次性出现。出现10次以上的高频词见表2-1。

表 2–1　横向物流协同研究高频词

词频(次)	平均出现时间(年份)	关键词	词频(次)	平均出现时间(年份)	关键词
113	1998	performance	27	1993	behavior
101	2014	logistics	26	2001	science
99	1999	model	26	2006	dynamics
94	2003	impact	26	2017	carrier collaboration
93	1997	innovation	26	1996	growth
85	2014	knowledge management	25	2019	challenge
84	2004	horizontal cooperation	24	2015	time window
73	2004	network	24	2019	delivery
64	2004	bibliometric analysis	24	2005	determinant
57	2017	literature review	23	2008	evolution
54	2016	cost allocation	23	2016	transport
54	2016	system	23	2018	citation analysis
53	2003	systematic literature review	22	2019	risk
52	2017	supply chain	22	2019	dynamic capability
51	2015	horizontal collaboration	22	2014	pickup
50	2014	technology	22	2018	co–citation analysis
48	1994	firm	22	2009	game theory
47	1999	framework	22	2016	cooperative game theory
47	1999	supply chain management	22	1997	city
45	2017	absorptive capacity	21	2016	mechanism
43	2003	industry cluster	21	1994	business

续表

词频(次)	平均出现时间(年份)	关键词	词频(次)	平均出现时间(年份)	关键词
42	2002	vehicle routing problem	21	2006	capability
42	2002	research and development	20	2010	pattern
42	2015	cooperation	20	2010	internet
40	2001	cluster analysis	20	2012	competitive advantage
40	2008	policy	20	2020	machine learning
40	2019	big data analytics	20	1992	united states
35	2008	information	20	2017	cost
35	1994	strategy	20	2014	intellectual structure
33	1992	optimization	18	1996	integration
32	1999	design	17	1996	developing country
32	2016	transportation	16	2010	corporate social responsibility
31	2008	industrial district	16	2009	economic geography
31	2005	collaboration	16	2000	climate change
31	2015	allocation	16	2014	artificial intelligence
31	1993	decision making	15	2014	request allocation
28	2019	systematic review	10	1994	regional development
28	1999	perspective	10	2020	bibliographic coupling
27	2018	future	10	2016	coordination

注：统计结果由软件自动生成。平均出现时间表示该关键词出现年份的平均值；为尊重软件显示结果，本书未进行人为处理和词频合并。

从表2-1可以看出，出现100次以上的有"performance"和"logistics"，这表明HLC是组织物流业务的一种主要模式，也是提升绩

‖ 中国横向物流协同研究

效的重要手段。此外，出现 10 次以上的关键词有 78 个，比较分散，主要原因是物流活动的协同领域非常广泛，HLC 的外在表现形式多种多样，学者们的研究角度也各有不同。借助可视化分析工具 Citespace 软件对 893 篇文献的关键词进行研究主题聚类分析，如图 2-3 所示。关键词反映出的研究主题聚类共 80 余个，但具有聚类意义的有 18 个。

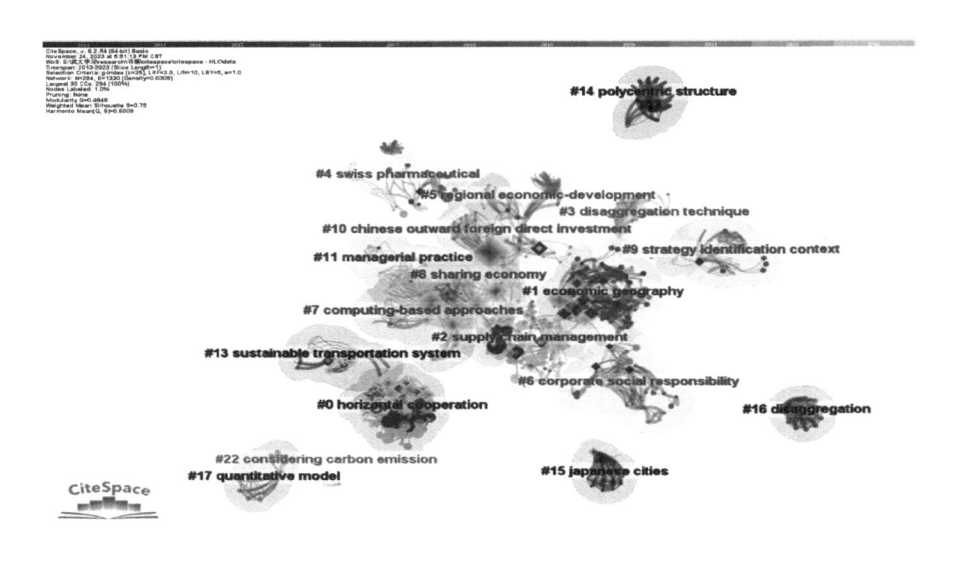

图 2-3 横向物流协同研究主题聚类

注：聚类的编号越靠前，表示研究数量越多。

对上述关键词聚类进行时间线分析，可以显示出关键词之间的共现关系。图 2-4 利用时间线方式表示每个聚类研究发展的时间，包含使用频率较高的关键词及文献之间的引用关系。图中编号越靠前的聚类影响程度越大，也是越热门的研究领域。在 18 个聚类中，横向合作（#0 horizontal cooperation）、经济地理学（#1 economic geography）和供应链管理（#2 supply chain management）是近十年来的研究热点。第一，横向合作表明了横向物流协同的实质是竞争者之间的合作，这与"cooperation"广泛的应用场景有关。虽然协同的形式多样，但是研究的关注点主要集中在协同运输（Collaborative Freight Ttransportation）与配送（Delivery）上，认为横向协同是企业之间的新型商业模式（Business Model），注重企业之间成本（Cost）和利益（Benefit）分配的公平性（Equity），这也是 2012 年以来研究的热点，这与 Cruijssen（2020）和 Luthra 等（2022）的研究相契合。第二，HLC 的发生与经济地理学（Economic Geography）密切相关，特别是产业集群（Industrial District；Industrial Cluster）的发展为 HLC 提供了条件，结合经济地理的理论基础（New Urbanism），研究较多应用一些基础算法（Algorithm；Multi-Objective Optimization）分析集体效益（Collective Efficiency）的获得；值得注意的是，经济地理学聚类没有形成特别具有影响力的节点文献，该聚类更多地以研究视角（常常是产业集群视角）和理论基础的形式出现。这也表明，HLC 与产业集群特别是物流集群的发展有着密切的联系，这与 Sheffi 等（2019）以及张晓燕等（2016）的研究相契合。第三，HLC 是供应链管理（Supply Chain Management）的重要方式之一，也是加大企业韧性（Firm Resilience）和绩效（Firm Performance）的途径之一，企业之间常常利用专有知识（Knowledge）和能力（Capacity）的整合（Integration），特别是战略联盟（Strategic Alliance）的方式来加大竞争优势（Competitive Advantage），这也是企业的开放式创新（Open Innovation），这与 Mrabti 等（2022）、Sunil 等（2022）以及 Zhang 等（2023）的研究相契合。值得一提的是，与横向协同（Horizontal Collaboration）联系较为密切的一个聚类是可持续运输系统（Sustainable Transportation System），它关注的是环境变化情况下的绿色物流问题（Green Logistics）和新能源运输车辆，比如电动汽车（Electric Vehicle）的使用。另外，2020 年以来，碳排放问题（Considering Carbon Emission）也成为新的研究关注点（Hao 和 Li，2020），是横向物流协同的环境绩效表现。但是与 HLC 相关的研究数量较少，未成规模。这与 Hacardiaux 和

|| 中国横向物流协同研究

Tancrez（2022）的研究相契合。

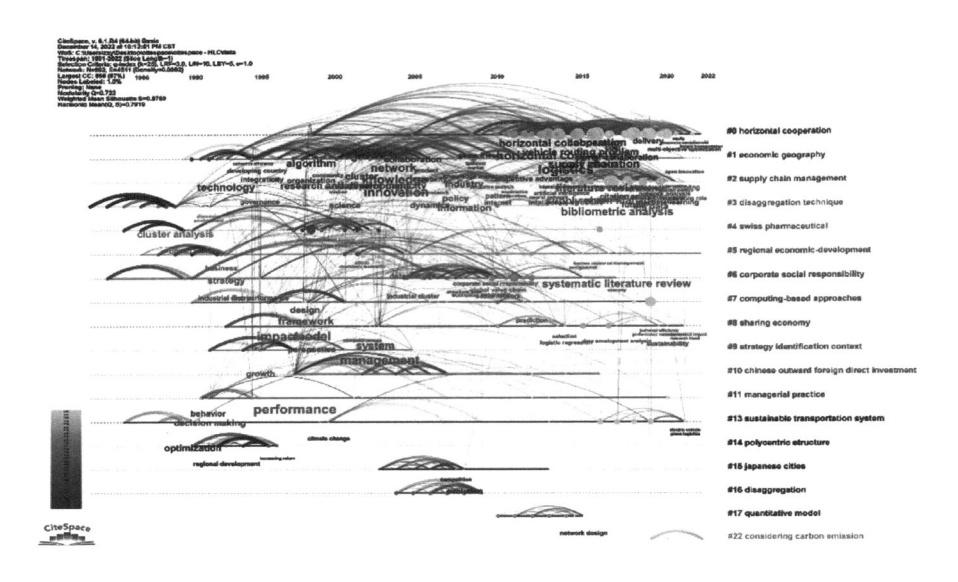

图 2-4　横向物流协同研究主题的时间线分析

注：每条横线对应的是每个聚类，横向上面的实心圆代表具有影响力的节点文献，半径越大，影响力越大；横线上下的单词表示对应的关键词，字号越大，频率越高。

（三）研究热点的变化

研究转折点（Burst）的出现表明了研究发生变化，是对关键词进行的总结。对上述893篇文献进行的转折点分析如图2-5所示。研究最初关注的是美国的发展（United States），认为最初来自对经济增长（Economic Growth）的刺激，被具体化为对城市发展（City Development）的影响，研究持续了20年之久。对知识共享（Knowledge Sharing）与产业集群（Industry Cluster）的关注几乎同步进行，这是因为两者关系密切，产业集群发展的一个重要原因是知识共享。

横向协同（Horizontal Cooperation）的研究较早出现于2014年，延续四年，与其同期出现的有需求分配（Request Allocation）、成本分摊

· 22 ·

(Cost Allocation) 等关键词，说明横向协同研究中的一个重要内容是专业运输企业之间的合作，对他们而言，最重要的是订单和线路规划，以及成本分摊和利润分配问题。

随着大量文献的出现，从 2017 年起，文献计量分析（Bibliometric Analysis）和系统化的文献综述（Systematic Literature Review \ Systematic Review）成为新的研究方式，并在近两年成为热点方式。同时，研究者注意到横向物流协同其实是供应链管理（Supply Chain Management）的一个重要方式。最优化（Optimization）的研究是传统研究，1992 年就已经多次出现，但从 2020 年开始，被大量研究使用，成为热点之一。此外，大数据（Big Data）、机器学习（Machine Learning）和由此带来的各项挑战（Challenge）也是近两年兴起的内容。

关键词	年份	热度	最早时间	最迟时间	1981-2022
city development	1997	3.86	1997	2017	
United states	1992	4.75	1992	2010	
economic growth	1996	5.49	1996	2009	
knowledge sharing	2004	7.84	2004	2015	
industrial cluster	2005	3.57	2005	2016	
cluuster analysis	2002	10.24	2002	2012	
Industry	2008	3.65	2008	2018	
research and development	2002	5.3	2002	2009	
Imnovation	2001	4.89	2008	2015	
social network	2010	4.35	2010	2016	
technology	1994	4.22	2006	2012	
horizontal cooperation	2014	7.27	2014	2018	
request allocation	2014	4.73	2014	2018	
allocation	2015	4.11	2015	2019	
cost allocatiom	2016	7.34	2016	2019	
big data	2019	4.89	2019	2022	
absorptive capacit	2003	4.79	2012	2015	
systeatic rewiew	2019	4.19	2019	2022	
industrial district	1994	3.78	2015	2018	
bibliometric analwsis	2017	9.8	2020	2022	
systematic literature rewiew	2017	7.22	2020	2022	
supply chaim managememt	2017	5.46	2020	2022	
machine learning	2020	3.69	2020	2022	
optimization	1992	3.63	2020	2022	
challenge	2019	3.93	2019	2020	

图 2 - 5　横向物流协同的研究热点变化

注：右侧加粗部分对应的是研究的时间阶段。越靠近右侧的关键词出现的时间越迟，代表最新的研究关注点和热点。

（四）研究基础

除了对 893 篇文献本身进行的可视化分析，本书还对其 13479 篇参

Ⅱ 中国横向物流协同研究

考文献的主题进行了聚类分析，以显示横向物流研究的基础理论和方法，如图2-6所示。

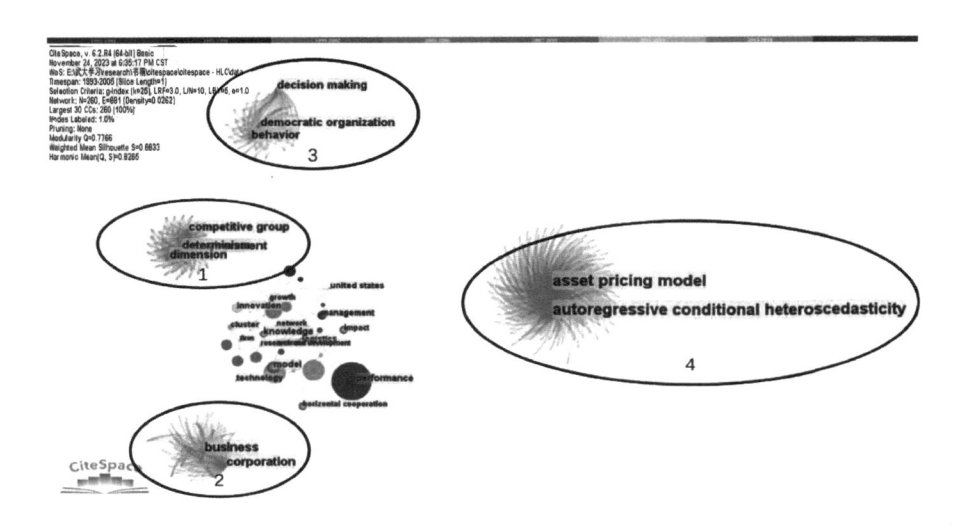

图2-6 横向物流协同的研究基础

注：每个集群的位置与此类参考文献的出现年份有关。图中4个聚类编号是笔者为了描述清晰，按照年份自主设置的。

图2-6中，中间部分是893篇文献的主要高频关键词，见表2-1；周围4个集群是其参考文献，显示出横向物流协同的研究基础。集群1关注的是竞争性组织（Competitive Group）之间的决策分歧（Determinism Deminsion），解释了专业物流服务企业之间"存异"的问题，这也是竞争企业之间进行横向物流协同必须面对的首要问题。集群2关注的是商业组织（Business Corporation）的特征，商业组织的营利性决定了它们之间的合作起点和终点都在于"利益获取"，因为有利可图，互为竞争对手的企业才会进行合作。集群3关注的是民主组织行为（Democratic Orgernization Behavior），特别是其决策行为（Decision Making）。组织的民主行为解释了民主情境下的治理机制，为横向物流协同中的合作

行为提供了理论支撑，解释了专业物流服务企业之间的"求同"问题。集群 4 显示了横向物流协同最关注的方法基础是资产定价模型（Asset Pricing Model），解释了企业对投入产出的理性预估。主要借助自回归条件异方差法（Autoregressive Conditional Heteroscedasticity）来解决协同效应检验中的时间序列问题。这四个参考文献集群从理论和数据模型两方面支持了横向物流协同的研究。

小　结

横向物流协同（HLC）被定义为在供应链同一水平上运作的具有类似或互补的物流需求的企业之间的合作。本章首先分析比较了几个表示协同的常见词语"collaboration""coopetition""cooperation""coordination"，认为它们都是企业处理相互关系的外在形式，本质是"synergy"，所有的形式都需要共享信息，以"communication"（沟通）为基础。但"collaboration"是一个总括的术语，内容最丰富，涵盖性最强。由此选定用"Horizontal Logistics Collaboration"表示横向物流协同，并以此为基础进行了研究文献选择。

利用 Citespace 软件进行研究脉络分析，根据研究数量说明研究阶段性变化，根据高频关键词说明关注点的变化，根据转折词说明研究热点变化，根据参考文献聚类说明研究基础。可视化研究的结果也为后续理论框架的构建奠定了基础。

第三章　横向物流协同研究综述

横向物流协同（HLC）是指供应链同一层面上有竞争关系的企业为了追求更大的协同效应而进行的各方面的协作，在航空运输和港口集群中更加常见。

空运联盟（Aviation Alliances）是航空运输中 HLC 的主要表现形式。事实上，空运联盟在 20 世纪 30 年代就已经存在（Cruijssen，2020）。航空公司之间紧密地联系构建起密集的空运网络，提高了空运的效率和灵活性（Vos 等，2004；Krajewska 等，2008；Ankersmit 等，2014）。目前，三家主要的空运联盟是天合联盟（Sky Team，19 个成员）、星空联盟（Star Alliance，26 个成员）和寰宇一家（One World，14 个成员）。除了提供更多的客户服务，三大航空联盟还致力于提高飞机的负载系数，建立更高效的货运保障组织。全球性货物联盟的代表是 WOW 货物联盟（WOW Cargo Alliance）。航空公司通过合并和收购实现市场的扩张（Martin 等，2018）。然而，国际运输权的授予在很大程度上仅限于个别国家拥有的特定承运人（Kim 等，2020）。这使得独立运营商之间的合作成为其扩张的有效方式，能够大幅度提高联合市场力量（Fang 等，2020）。空运合作的好处通常通过代码共享协议实现，许多联盟最初只是代码共享网络，通过共享销售办公室、维护设施、运营设施（如计算机系统）、运营人员、投资和采购（如协商额外的数量折扣），来大幅降低成本（Cruijssen，2020）。

会议联盟（Conference）在港口集群中比较常见（Cruijssen 等，2007），是由多个海事承运人为一条特殊的运输线提供服务，以统一服务水平，应对集体关税（Collective Tariffs）。会议联盟能够产生规模经济，阻止价格战，但是也受到托运人和一些承运人的反对，因为承运人加入"会议"后，所受限制增多，承运能力降低，运输时间延长（Rivera 等，2014）。但是，随着航运格局的发展，航运业整体处于运力过剩的市场局面，头部班轮公司更加关注结盟，期待通过合作，共享船舶资源，优化航运路线，实现规模经济（Seo 等，2016）。目前，国际上较有影响力的海运联盟分别是 2M 联盟（2 个合作者，23 条航线）、Ocean 联盟（4 个合作者，31 条航线，69 个港口）和 THE 联盟（4 个合作者，24 条航线，64 个港口）（Kim 等，2020）。海运联盟的协同优势表现为一种联合竞争优势，不仅存在于单个码头运营商内部，而且通过其协作关系存在于包括港口用户在内的整个港口供应链网络中（Seo 等，2016；Kim 等，2020）。

与海运和空运相比，内陆物流活动有所不同（Basso 等，2021）。第一，参与者数量众多，竞争力量比合作力量大（Cruijssen 等，2007）；第二，资金密集度低，运输量小，运输距离短，缺乏协同动力（Leitner 等，2011）；第三，不存在航空运输中的运输权限控制问题，跨地域协同压力小（Ankersmit 等，2014）。尽管如此，内陆企业还是进行了 HLC 的尝试，已有研究基本分为两个方面。

一方面是针对具有相同物流需求的制造业或商业企业之间的物流协同进行的研究（Basso 等，2021）。研究集中在林业、家具、零售、能源、石油等不同行业的协同运输。Caputo 等（1996）研究了意大利零售产业通过标准化信息、托盘和包装进行的多维仓储和运输等物流功能横向整合。Bahrami（2002）和 Brekalo 等（2013）分别构建了德国消费品产业和食品行业的物流协同潜力模型，前者还分别针对独立运输、共同配送和构建合伙企业协同配送三种方式构建了 IT 支持模型，他们发现 HLC 给企业带来了诸多利益，最多可节约 9.8% 的物流成本。Fernie 和 Mc Kinnon（2003）研究了英国零售业的物流协同对车辆利用率的提升和对需求的快速反应能力的提升。Hingley 等（2011）和刘璠（2009）分别研究了英国和中国零售业通过 4PL 进行横向物流协同的利益和障碍。Frisk 等（2006）、Palander（2015a，2015b）和 Guajardo 等（2016）分别讨论了瑞典和芬兰林业部门进行的运输协同，这种物流协同节约了 10%—30% 的物流成本。Mason 等（2007）对英国钢铁、零售和建筑业的物流协同进行研究，构建了运输最优化模型。Wilhelm（2011）研究了日本和德国汽车制造业的物流服务供应商之间的协同。Audy 等（2011）对加拿大家具制造企业之间的运输协同进行研究，发现了成本节约、配送时间缩短等协同利益。Defryn 等（2016）主要研究了蔬果生鲜物流协同的动力与阻力，并建立了利益分享机制。Vanovermeire 等（2014）研究了比利时三大食品公司的物流协同。同时，也有学者注意到，早在 1993 年，8 家荷兰糖果制造公司就达成了物流合作协议，被称为荷兰糖果配送计划（Zoetwaren Distributie Nederland，ZDN）。他们选定一家物流公司为其进行产品的共同配送，以减少成本，这项合作节约了 25% 的成本。至今，合作依然在进行（Cruijssen，2020）。

另一方面是专门针对各类 LSP 之间的横向协同进行的研究（Carbone 和 Stone，2005；李俊松，2020；Karam 等，2021a）。LSP 常常使用共享信息来确定合作机会，制订联合交付计划，或建议合作伙伴之间进行货运交换。基于此，现有研究主要集中于货运整合和仓储设施共享等方面。

货运整合的研究大多建立在车辆路径模型上，以分析合作效益的大小。考虑到一组客户必须分摊普通卡车运输的成本，货运交通协作主要基于车辆路线的规划进行（Das 等，2023）。Hageback 和 Segerstedt（2004）发现瑞典帕亚拉地区 20 个公司的货运整合基于信任建立了两种协同方式：联合运输服务的投标方式和跨公司运输捆绑，节约了 33% 的运输成本。Rieck（2008）研究了中等规模的货运承揽人之间的合作和利益分配。Saeed（2013）研究了货运企业的协同模式，分析了货物承运人的边际利益分配，并建立了利益共享模型。Hao 和 Li（2020）、Hacardiaux 和 Tancrez（2022）分析了几个货运市场和合作伙伴特征（例如，车辆容量、定期设施开放成本、库存持有成本、需求可变性）对合作时成本和二氧化碳排放减少的影响。Das 等（2023）提出了一种新的启发式算法，在为每个公司给定一组订单的情况下，试图找到帕累托最优且各自合理的所有卡车负载交换的集合。从这些研究中可以看出，合作伙伴、市场特征和程度等会影响协同模式和效应。货运整合需要高效的信息共享，并以最佳方式组织和规划运输（李俊松，2020；Mrabti 等，2022）。

LSP 常通过共享仓库容量进行库存和配送管理，实现仓储设施共享，加强合作价值（Palander，2015b；Jouida 等，2021）。Makaci 等（2017）对 22 家物流公司的访谈揭示了共享仓库的关键特征（兼容性和成熟度），以及建议的绩效指标和共享仓库管理的不确定性来源。Soper（2017）研究了企业之间建立混合中心的成功案例，需要仓库空间的配送公司与有闲置产能的仓库相匹配，可以最大限度满足客户需求，提高仓库设施设备利用率。Hacardiaux 和 Tancrez（2022）提出配送中心的协同选址库存模型，最大限度地减少了设施开放和运输成本，以及配送中心和零售商的库存成本。

事实上，HLC 具有合作和竞争的两面性（Raue 和 Wallenburg，2013；Mrabti 等，2022），它的合作性促使企业求同存异，不断接纳新知识，对伙伴建立信任（Morice，2016）；但是竞争性决定了机会主义的风险一直存在。企业需要全面考虑各种因素之后，才能决定是否和怎样进行 HLC。

因此，文献对横向物流协同的研究还关注了以下方面。

第一节 横向物流协同的联合价值主张

企业为何要进行横向物流协同？联合价值主张做出了目的声明。联合价值主张的定义过程推动了 LSP 之间的关系，可以加强协调，减少交易过程中的行为不确定性（Sheffi 等，2019），有助于 LSP 确定如何合作共同创造价值（Osterwalder 等，2010）和交易优势（Granovetter，1985）。

Prahalad 等（2000，2004）、Vargo 等（2004）的研究指出，利益相关者之间的共同价值创造单靠一个组织自身无法完成，应该由企业、伙伴企业及其他利益共同体通过资源融合、利用，彼此合作来实现（Tsai 和 Ghoshal，1998）。企业与伙伴企业建立强网络关系，提升合作信任（Morice，2016），便于企业进行信息资源共享，共担风险，互利共赢，获取更多的信息流和知识流；尤其是对隐性知识的挖掘，利于企业与伙伴企业达成价值共识，促进其探索式创新活动的开展（苏昕等，2021；Mrabti 等，2022）。

研究表明，为了建立成功的横向合作，企业需要发展联合价值主张（Cruijssen，2020；Mason 等，2007；Zhang 等，2013）。LSP 进行横向物流协同的联合价值主张构成了其协同行为的动力。联合价值主张可以分为一般主张和核心主张。

一 一般价值主张：企业进行横向物流协同的考虑因素

企业的意愿决定 HLC 的建立和实施情况。在德国，超过 57% 的企业愿意进行横向物流协同（Schmoltzi 等，2011）。欧盟和 ALICE 的实践经验也表明，横向运输合作的承诺将为 2030 年欧洲物流效率提高 30% 的愿景做出重大贡献（Cruijssen，2020）。但 Jankowska 等（2017）和 Kanyarat 等（2017）的研究却发现在波兰、日本和丹麦，情况有着极大的不同，除了文化背景，是什么影响企业的协同意愿呢？学者们将它们称为横向物流协同的一般性主张，视为进行协同时的考虑因素。目前对协同考虑因素的研究较少，本书对已有相关文献中的讨论内容进行总结，见表 3-1。

表 3-1　　　　　　　企业进行 HLC 的机制主张

参考文献	考虑因素
Cruijssen 等，2007	1. 信息共享；2. 激励性联盟；3. 关系管理与控制；4. 信息通信技术基础系统；5. 其他
Cruijssen，2020	1. 伙伴规模与数量；2. 政府支持；3. 服务对象行业特征；4. 合作经验
Padula 等，2007	1. 源自环境不确定性的外生因素；2. 源自企业认知的内生因素
Schmoltzi 等，2011	1. 提高服务质量；2. 维持或提高市场份额；3. 服务专业化和宽度的提升；4. 核心活动的生产率；5. 接近新市场；6. 获取"大"合同；7. 获取新知识；8. 减少成本；9. 获取财务支持；10. 其他因素
Fulconis 等，2011	1. 伙伴的潜在互补性；2. 企业能创造的附加价值；3. 协同规则的公平性；4. 每个合作者的战术；5. 应用协同战术的领域
Leitner 等，2011	1. 运输结构；2. 运输过程；3. 信息交互过程；4. 计划过程
Verstrepen 等，2009	1. 物流运作的同质性；2. 可以高效进行大量运输的线路的可识别性；3. 捆绑运输的合作伙伴的可得性；4. 个体企业高效使用车辆的可能性；5. 从运输起点到终点的可能距离；6. 改变运输频率的可能性；7. 车辆有限运输能力限制下的运输量的优先选择性
Rodrigues 和 Irina，2015	1. 横向伙伴；2. 供应链；3. 公司内部情况
Bouncken 等，2015	1. 获得市场占有率；2. 创新；3. 供应链关系管理；4. 全球化竞争
Pateman 等，2016	1. 互惠互利；2. 协作设计；3. 营销优势
Wang 等，2016	1. 网络中的协作与节约；2. 网络外部性与价值逻辑互动

续表

参考文献	考虑因素
Karam 等，2019、2021	1. 合作伙伴的行为；2. 信息共享；3. 协作设计 1. 经济；2. 环境；3. 社会
Badraoui 等，2019	1. 关系专用投资；2. 共享信息；3. 联合关系努力
Kim 等，2020	1. 透明度；2. 公平；3. 相关性；4. 信任；5. 可持续性
Mrabti 等，2022	1. 交货灵活性；2. 合作规模；3. 协作程度；4. 多式联运的需求；5. 仓库数量的增加；5. 外部弹性和不确定性
Hacardiaux 和 Tancrez，2022	（特殊）物流成本最小化和二氧化碳排放最小化 1. 经济；2. 环境；3. 社会；4. 绿色；5. 可持续性

分析上述研究中的一般性价值主张，本书按照它们与企业的关联性（直接和间接）和价值范畴（内部到外部）形成一般价值主张的四分格，并建立层级模型。由下至上分为四个层级：基础要素层级、支持要素层级、动态能力价值层级和提升价值层级，如图3－1所示。

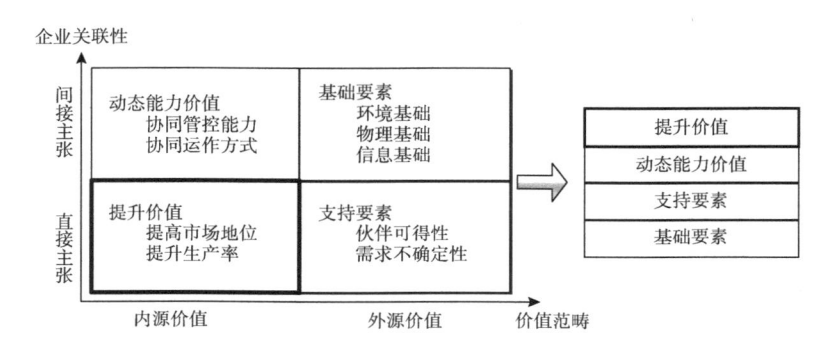

图3－1 企业进行 HLC 的价值主张层级模型

基础要素层级属于企业的间接外源主张，也是企业对建立 HLC 的基础设施和设备条件进行的思考，是外部基本价值，包含了对环境基础、物理和信息基础的考察。环境基础是社会经济、政治发展带来的支持。

具体而言，来自政府的政策支持和对协同行为的法律性质认定（Cruijssen，2020），业界对环境可持续性，特别是降低 CO_2 排放，追求"碳达峰和碳中和"目标的需要等（Karam 等，2021；Hacardiaux 和 Tancrez，2022）都会影响企业实施 HLC 的意愿。物理基础是外部物流设施设备的建设情况（Verstrepen 等，2009），包括协同地理范围内的各类运输节点、备选的运输线路以及共同配送基地等（Leitner 等，2011），它们部分来源于专业 LSP 的支持（Rodrigues 和 Irina，2015）。信息基础指的是与信息交互有关的技术发展与设施建设，包括信息枢纽、门户网站等设施的建设（Cruijssen 等，2007）、电邮、传真、EDI 信息交换技术的发展等（Leitner 等，2011），以及由此带来的信息共享的可能性（Karl 等，2014；Karam 等，2021a；Badraoui 等，2019；Kim 等，2020）。

支持要素层级是 HLC 的直接外部主张，是企业对市场和合作伙伴的思考和考察（Rodrigues 和 Irina，2015）。全球化竞争增加了环境和市场需求的不确定性（Bouncken 等，2015），企业产生多式联运的需要（Mrabti 等，2022），在增大企业成长难度的同时，也为企业带来了获取营销优势（Pateman 等，2016）、获取市场占有率、发现新技术的潜在机会（Padula 等，2007）。企业常在威胁与机会之间进行比较，思考 HLC 应对威胁、利用机会的可能性（Schmoltzi 等，2011）。值得信任的合作伙伴是建立 HLC 的重要条件（Morice，2016；Cruijssen，2020），伙伴的相关性，例如文化的相似性与兼容性、战略的匹配性、资源的互补性、运作活动的同质性（Karl 等，2014；Kim 等，2020）、伙伴规模与数量、服务对象行业特征、合作伙伴可能的行为（Karam 等，2021a；Cruijssen，2020），都会影响企业对 HLC 的考量（Pomponi 等，2015）。

动态能力价值是企业的间接内源主张，实质上是企业对自身拥有的各项协同能力（例如，公司整合、构建和重新配置内部和外部能力以应对快速变化的环境的协同管理与控制的能力和运作方式）的考察

（Teece，2000；姜骞等，2016）。通常，为了实现共同价值主张，企业会充分利用内部支持资源（Teece，2000；Tsai 和 Ghoshal，1998）。企业对 HLC 的动态管控能力包括：企业先前和进行协同活动过程中积累的关系管理、冲突处理的经验（Karl 等，2014；Cruijssen，2020）；企业领导和内部主要部门基于对外部知识的认识、同化和利用而产生的支持（Padula 等，2007）；公司内部的客观情况（Rodrigues 和 Irina，2015），如关系专用投资（Badraoui 等，2019）；企业对协同过程中的成本分担和利益分配的公平性的掌控等（Rodrigues 和 Irina，2015）。企业针对合作领域制定的具体协同战术（Fulconis 等，2011）、计划及其实施的基础条件（Leitner 等，2011），以及开放性（Cruijssen 等，2007）等共同构成企业内部的协同运作方式（Teece，2000）。

协同带来的综合竞争力提升潜力是企业进行 HLC 的直接内源价值主张，也是核心要素。一方面，企业很关心市场地位的维持和提高：HLC 是否能帮助其提高交货灵活性（Mrabti 等，2022），保持甚至扩大现有市场份额（Cruijssen 等，2007），帮助企业获得为"大"公司服务的"大"订单和合同等。另一方面，企业关注 HLC 对生产率的提升：投入方面主要看获得外部资金和信息数据共享以及减少成本的可能性（Fulconis 等，2011），以及网络中的协作与节约（Wang 等，2016）；而产出方面主要看服务质量、专业化水平（Schmoltzi 等，2011）和附加价值等的提升（Bouncken 等，2015），以及网络外部性（Wang 等，2016）。此外，全球转暖和碳足迹减少增加了企业进行 HLC 的动力（Sheffi，2010；Karam 等，2021a；Hacardiaux 和 Tancrez，2022）。

层级模型中，基础要素、外部要素和动态能力价值是企业进行 HLC 的一般性价值主张，也是建立协同的必要条件。当企业发现上述主张可能无法实现时，就会失去协同的意愿。因此，这三者更有可能转变为企业进行 HLC 的阻力。但即便企业在考察后发现它们具有实现的可能性，也不一定会建立 HLC，因为企业能力的提升才是其核心价值主张，可以转化成建立 HLC 的直接动能。

因此，学者对于 HLC 联合价值主张的研究主要聚焦于协同带来的"价值提升"这一核心价值主张上。

二 核心价值主张：企业进行横向物流协同的价值提升

HLC 的核心价值主张描述了 LSP 需要解决的关键问题以及可以获得的利益。如前所述，综合竞争力提升是企业进行横向物流协同的直接内源主张，体现了 LSP 对于横向协同效益的追逐，是一种自发的内在力量。现有研究大致将其分为成本节约、效率提升、市场地位提升、资源共享、客户服务优化和其他方面。

降低物流成本是驱动各类 LSP 进行 HLC 的最主要因素之一（Rodrigues 和 Irina，2015；Pomponi 等，2015；Cruijssen，2020；Mrabti 等，2022）。荷兰实施的 4C 项目的目标之一就是综合物流成本降低 5%—30%（Cruijssen，2020）。《"十四五"现代物流发展规划》也明确提出企业要"探索优势互补、资源共享、业务协同合作模式"，力争等到 2025 年，社会物流总费用与 GDP 的比率较 2020 年下降 2 个百分点左右。事实上，经济环境的不确定性越高，企业面临的风险越大，物流成本也越高（Pomponi 等，2015；Sheffi 等，2019）。单一企业的货运量有限，很难实现运输的规模经济（Leitner 等，2011）。通过运输协同，企业可以提高成本节约潜力。学者们对德国（Cruijssen 等，2007；Erdmann，1999；Bahrami，2003；Schmoltzi 等，2011）、罗马尼亚（Leitner 等，2011）、意大利（Caputo 等，1996）、瑞典（Frisk 等，2006；Hageback 和 Segerstedt，2004）、英国（Fernie 和 Mc Kinnon，2003；Mason 等，2007；Hingley 等，2011）、日本（Wilhelm，2011）、加拿大（Audy 等，2011）、欧盟（Cruijssen，2020）、摩洛哥（Badraoui 等，2019）、中国

（张晓燕等，2016）等不同国家和地区不同产业的实证研究都证明 HLC 能带来各类活动成本的降低，它是短期协同的首要目标（Verstrepen 等，2009，Maggi 和 Mariotti，2010）。此外，学者还注意到，成本的节约源自企业的协同谈判（Cruijssen 等，2007），谈判的不同结果会带来 20%—70% 的节约程度（Krajewska 等，2008；Audy 等，2011）。

效率的提升是核心价值主张的另一个重要表现（Luthra 等，2022），表现为车辆、仓库以及基础设施等资源和设备的利用率不断提高（Mentzer 等，2000；Nooteboom，2004；Rivera 等，2016；Mrabti 等，2022）；运输路线更加合理（Mason 等，2007；Rodrigues 和 Irina，2015；Wang 等，2016；Martin 等，2018）和配送时间缩短（Cruijssen 等，2007；Krajewska 等，2008；Mrabti 等，2022；Hacardiaux 和 Tancrez，2022）。Huo（2012）、Rivera（2014）和 Zhang 等（2023）的研究都指出，企业间横向物流协同的水平越高，成本节约和效率提升的空间就越大。

客户服务能力提升是不确定经济环境下企业竞争力的重要表现（Cruijssen，2020；Pomponi 等，2015；Hacardiaux 和 Tancrez，2022）。全球化进程推动了客户需求的多样化、定制化和即时化特征显现（Leitner 等，2011；Morgan 和 Richey，2016），为客户提供快速响应、专业化、定制化的产品和服务能够带来高额利润（Saeed，2013；Bouncken 等，2015；Kim 等，2020；Mrabti 等，2022），确保企业生存。同时，更高的客户服务能力可以帮助企业获取来自更大的客户的"大"订单和更高的货运量，促进企业的发展（Verstrepen 等，2009）。

资源共享是源于成本和效率的附加动力（Rivera，2014；Mrabti 等，2022）。横向物流协同中的各项资源可以大致分为"软"资源和"硬"资源（Cruijssen，2020；Zhang 等，2023）。前者指的是企业的协同管理经验、业务能力、隐性知识等，可以通过集体学习方式得以普及推广（Pomponi 等，2015；Hacardiaux 和 Tancrez，2022）。后者是指企业的运输车辆、存储空间、研发投资和劳动力等人财物的共享（Mrabti 等，2022）。此外，信息作为一种特殊资源备受关注（Rivera 等，2014；Pomponi 等，2015；Rodrigues 和 Irina，2015；Sheffi 等，2019）。HLC 以企业之间的信息交互为基础和前提（Basso 等，2021），企业的信息也可以分成自有信息和共享信息（Wei 等，2021）。前者是必须由企业自己持有的核心信息，涉及核心竞争力；后者则是能促进协同的信息，比如运输订单（Lambert 等，1999；Rodrigues 和 Irina，2015）、制造商的库存水平、销售数据、生产安排、制造能力、绩效矩阵等。横向物流协同中的信息共享非常重要，因为在某种程度上，信息能够代替运输成本、储存成本和运营成本（Sheffi 等，2019）。

市场地位提升也是诸多企业愿意进行 HLC 的重要原因之一（Schmoltzi 等，2011；Basso 等，2021）。生存是企业的首要目标，因此，通过横向物流协同塑造良好的公众形象（Mrabti 等，2022），维持市场占有率是企业开展协同的愿望（Hingley 等，2011）。进一步地，捕捉到新的机会（Schmoltzi 等，2011），进行新产品、新服务的研发（Lambert 等，1999；Wei 等，2021），克服新市场进入壁垒（Rivera 等，2014），提高市场开拓或渗透的速度（Mentzer 等，2000；Bouncken 等，2015）对于企业市场地位的提升也十分重要。

此外，还有其他一些驱动因素，比如获取金融投资（Schmoltzi 等，2011；Uzzi，1997）、降低碳排放（Saeed，2013；Sheffi，2012；Hao 和 Li，2020；Mrabti 等，2022）、获得创新灵感与能力（Pomponi 等，2015；Bouncken 等，2015）等也是学者研究的内容。

上述价值主张源于企业的自发追求，也是所有部门提高竞争力的终极动力。降低碳排放虽然依赖于政策和法律的规定，但也已经成为当下外部组织衡量企业竞争力的重要标准。

已有研究从不同视角关注了企业进行横向物流协同的联合价值主

张，HLC 是特点鲜明的竞合行为，一般主张说明了企业与竞争性同行进行协同的最初动力，核心价值主张体现了企业最直接的内在追求。但是一方面，已有研究关注的对象并不完全聚焦于专业 LSP，也涉及制造业、农业企业之间的物流协同，这可能导致对联合价值主张的分析过于宽泛；另一方面，研究中的 LSP 较少涉及中国企业或中国市场，且协同行为大多聚焦于联合运输，难免片面。当下，中国物流企业不断崛起，取得了迅猛发展，特别是在后疫情时代，中国 LSP 在国际和国内双循环中发挥着更加重要的作用。因此，学界必须关注中国 LSP 进行横向物流协同的联合价值主张，以更好地满足需求，提高绩效。

第二节　横向物流协同的价值创造方式

企业如何进行横向物流协同？已有研究关注了横向物流协同的类型模式。学者们以一定的理论框架和具体的企业实践情况划分维度，并进行分类组合，探讨了横向物流协同的价值创造方式。表 3-2 展示了主要学者的不同研究。

表 3-2　　　　　　　　横向物流协同的价值创造方式

文献	划分维度	价值创造方式
Lambert 等（1999）	合作伙伴的整合水平	一臂之长（一次性公平交易）；第一类协同（真诚全面的短期合作）；第二类协同（有着长远前景的全面合作）；第三类协同（长久而重要的战略联盟）；横向一体化
Cruijssen 等（2007）	决策层次、竞争性、共享资产、目标	共同招标；共同采购；共同维护；租船共享；仓储共享；货运共享；共享道路援助；共享甩挂；知识中心；联合品牌；联合运输

续表

文献	划分维度	价值创造方式
Cruijssen(2020)	协同强度(Lambert等1999年的维度)和多重标准	50种类型(见表3-3)
Leitner等(2011)	协作水平或强度(从低到高)、整合潜力(从无到有)	不协同;采购协同;运输协同;侧向供应链协同
Schmoltzi等(2011)	契约范围、组织范围、功能范围、服务功能、资源范围	共享生产重心的公路运输网络;具有广泛功能集成的定制道路运输网络;共享生产的情景道路运输网络;以营销和销售为重点的海运和空运合作;具有广泛功能集成的国家增值服务合作;具有共同生产重点共享的双边腹地合作
Lyons等(2012)	LSP协同内容	互补性商品的合并运输与配送;非互补性商品的合并运输与配送;共享服务;共同采购;合伙企业;其他(有比例的协同)
Sheffi(2012)	服务功能	物流运作协同(运输、仓储、装卸、信息等);增值服务协同(包装、宣传、退换货、重型设施设备维修维护、配药服务);基础设施、设备建设协同(联合采购);游说政府;劳动力和人力资源协同
Vos等(2004)	LSP合作的深度	运作(单一过程的协同);协调(多维活动的协同);网络协同(多个合作者参与的复杂物流网络)
Pomponi等(2015)	协同目标和共享资产	运营协同;战术协同;战略协同
Rivera等(2016)	LSP协同内容	资源协同(设备共享、雇员共享/交互、仓储能力共享);运输共享(卡车空间、远洋集装箱、航空运输能力);增值服务(配套和最终组装、价格标签/条形码、维修管理、测试和检查、海关服务、逆向物流/回收/退货);人员培训(大学学位、物流与管理基础课程、物流与管理硕士学位)

续表

文献	划分维度	价值创造方式
Martin 等(2018)	联盟的活动范围和合作伙伴之间的结构交织程度	规避联盟(不联盟);外围联盟;非承诺联盟;深度联盟;约束性多维度联盟;一体化联盟
Palmieri 等(2019)	LSP 合作范围	小型货物的共同装载;小额交货的合并运输;区域整合中心的使用;城市货运的优化和城市整合中心的使用;多模式机会;物流集群之间的满载移动
Pan 等(2019)	对应实施存在的问题所提出的解决方案	单一承运商的协同;承运人联盟与合并;运输市场流程控制实体协作;物流联营;物理互联网协同
William 等(2020)	货运整合的潜在影响和成功的横向合作框架	订单共享;货运整合(整车货运、零担货运)、协同库存管理;设施共享(仓库共享、设备共享)

资料来源:笔者依据文献资料总结而来。

上述研究中,Lambert 等(1999)的研究最初为垂直供应链关系设计,并不被视为真正的横向合作的价值创造方式,却构成了后续研究的基础,在后续研究中得以发展。Cruijssen 和 Dullaert(2007)的研究以横向运输为主,综合考量了四个维度,普遍描述了当时已知的横向协同类型。其各个维度又划分为多个分项,例如:共享资产可以包括订单、物流设施、机车车辆、市场力量、支持流程和专业知识等,目标可以分为成本降低、增长、创新、快速响应和社会相关性等。Leitner 等(2011)认为,需要定义组织以及协作模型的形式和规格,以确保横向协作的可持续成功。他们的研究按照级别和潜力的增加顺序确定类型。其中,侧向供应链协同包含了 HLC 和 VLC。Schmoltzi 等(2011)引入了一种基于六个维度的类型学,将它们称为"物流合作景观",视作物流协作环境,并认为这些维度可以帮助促进创新协同概念的识别和发展。Lyons 等(2012)、Sheffi(2012)、Vos 等(2004)、Rivera 等(2016)和 Palmieri

等（2019）的研究对象都是专业的 LSP，分别从协同的内容、深度和范围分析 LSP 之间进行联合价值创造的方式，全面列举了典型的协同方式和内容，协同广度越来越大，从邻近仓库之间的小型货物共同装载运输发展为多仓库集中于物流集群之中实现流量整合和满载移动。Pomponi 等（2015）提出的横向物流协同的三层级模型，详细描述了运营、战术、战略协同阶段企业之间共享的资产和期待实现的目标组合。Martin 等（2018）确定的两个维度共形成了六种横向协作的价值创造方式。与 Palmieri 等（2019）一样，Pan 等（2019）和 William 等（2020）对横向协作进行了文献综述，但 Palmieri 等针对协同时面临的主要实施问题提出了六种具体的解决方案（或协同方式）。他们认为，协同中面临的问题包括协同网络设计、交通规划优化、交换请求的机制、收益分享、通信技术、组织管理和治理机制（刘艳秋等，2018）。William 等（2020）分析了物流整合的潜在影响和成功的横向合作框架后，总结了四种主要的价值共创方式，即订单共享、货运整合（整车货运、零担货运）、协同库存管理、设施共享（仓库共享、设备共享），并提出了改进物流系统的新方向和新途径（张洪等，2021）。Cruijssen（2020）的研究是在上述文献基础上的整合与延伸，也是横向物流协同的价值创造方式的最新研究成果，以 Lambert 等（1999）创建的协同强度作为主要维度，而将前述研究中的多重标准作为实施的标准，列举出了 5 类价值创造方式的 50 种组合，见表 3 - 3。

表 3 - 3　　　　Cruijssen（2020）分析的价值创造方式

协同强度	一臂之长	第一类协同	第二类协同	第三类协同	横向一体化
决策层次	运作	战术	战略	—	—
竞争性	竞争的	非竞争的	—	—	—
共享资产	订单	物流设施	运输队伍	市场力量	支持流程

|| 中国横向物流协同研究

续表

协同强度	一臂之长	第一类协同	第二类协同	第三类协同	横向一体化
目标	成本	增长	创新	服务	企业社会责任
协同范围	口头协议	书面协议	少量持股协议	合资企业	—
地理范围	本地	区域	国内	洲内	跨洲
解决措施	合作装载	合并行动	速度控制系统	城市货运	多式联运
行为层次	设计	计划与运作	商业与市场	行动	—
伙伴数量	2	3—5	6—10	大于10	—
合作主导人	托运人	承运人	第三方	—	—
政府刺激	是	否	—	—	—
伙伴规模	SME	大	混合	—	—
行业特点	特殊产业	一般产业	—	—	—
协作经验	无	有限	广泛	—	—

资料来源：Cruijssen F., "Logistics Developments Impacting Horizontal Collaboration", in: *Cross-Chain Collaboration in Logistics*, International Series in Operations Research & Management Science, 2020.

Cruijssen（2020）的研究综合提出了5类价值创造方式，并详细给出了每种方式的具体实施情况。一臂之长的协同事实上就是一次性交易行为。在这种交易中，沟通是偶然的，公司在短时间内进行合作，只涉及有限数量的交流，几乎没有联合承诺或联合行动。实践中，如果一家LSP产能短缺，可以将业务外包给另一家类似的LSP。第一类协同由相互认可的合作伙伴组成，他们在短期内协调单个公司的单个活动或某个部门的活动。实践中，企业之间进行数据交换、联合配送或长途返程货运采购、成立招标小组等属于此类合作。第二类协同是一种有着长远前景的合作，参与者不仅要协调，而且要整合其业务规划，涉及公司的多个部门或职能。实践中，企业进行同步规划、多模式协作、仓库/跨码头共享等活动属于第二类协同。第三类协同常被称为战略联盟，是一种长期协同，参与者相互整合运营业务，每个公司都将对方视为自身的延伸。横向一体化是横向协作的极端情况，是企业为了更好地发展业务而进行合并。实践中，企业常进行的物流网络集成和联合投资整合属于这种情况。事实上，这5种价值创造的方式设计的深度和广度不同，对伙伴企业的要求也逐步提升。它们与协同的各个具体实施维度相结合所具化出的50种策略几乎涵盖了目前所有的协同方式，得到了较大的认可（Mrabti等，2022）。

需要特别说明的是，Sheffi（2012）和Rivera等（2016）的研究专注于物流集群内部的横向协同。因为物流集群涵盖的专业服务范围极广，所以，一方面，协同范围更加广泛，不限于运输企业；另一方面，企业间价值创造方式更加具体。

第三节　横向物流协同运作机制

尽管不少企业愿意进行HLC（Schmoltzi等，2011），但在许多产业，比如制造业中，横向协同的失败率却极高（Ding等，2019；William等，2020），德国的LSP协同也有18.9%以失败告终（Schmoltzi等，2011）。造成如此高失败率的原因之一，是协同机制的不健全。事实上，就竞争性同行而言，合作会增加机会主义和冲突的风险，从而增加关系失败的风险（Schmoltzi等，2011）。

横向物流协同怎样才能取得成功？学者们的研究表明，充分的运作机制为避免失败、提高合作绩效和创新、推动合作成功奠定了基础（Sheffi等，2019；Vsy等，2022；魏冉等，2022）。信任与承诺有效缓解了对机会主义的担心，常常扮演中介变量的角色（Morgan，2004；Kim 等，2020；Cruijssen，2020）；正式和非正式治理强化了信任与承诺（Sheffi 等，2019）；信息沟通也常作为中介，促进 HLC 获得经济效益和环境效益（Rai 等，2012；Karam 等，2021a）。此外，价值共享确保了 HLC 的公平性和灵活性，推动了 HLC 健康发展与持续升级。

竞合理论认为，竞合行为由价值创造和价值利用共同推动，企业通过合作创造价值，通过竞争利用价值（Maria 等，1999，2010；William 等，2020）。研究表明，适当的治理机制为避免故障、提高合作绩效和促进创新改进奠定了基础，并推动其成功。因此，在横向物流协同价值实现治理机制中，信任与承诺、伙伴选择、联合关系努力以及信息沟通机制是推动企业合作进行价值创造的方式（Sheffi 等，2019；刘宗沅等，2022；苏江省，2019），而价值共享机制则是企业利用竞争实现价值最大化和最优化的保障（Daudi 等，2016；Guajardo 等，2016；Karam 等，2021a）。

一 关系治理机制：信任与承诺及伙伴选择

企业之间的经济交易会嵌入到持续的社会关系结构中（Granovetter，1985；Jones 等，1997；Daudi 等，2016），伙伴关系成为重要的制约因素和驱动因素。合作可能很难实现的原因之一，在于公司行为常常受到以牺牲集体利益为代价的个体利益的驱动（Granovetter，1985），这在横向竞合中表现得特别突出。在核心和非核心活动中，合作的横向相关公司之间总是可能发生冲突。道德风险需要用关系治理机制来防范（Badraoui 等，2022）。

关系治理机制包括信任与承诺及伙伴选择，以阻止公司间的机会主义行为（苏菊宁等，2006；Granovetter，1985）。基于信任与承诺的公司合作对于快速响应不断变化的客户需求（Kotzab 等，2003）和应对需求不确定性至关重要,这需要确定合作伙伴选择标准(Solesvik 等,2010;苏菊宁等,2006)。

(一) 信任与承诺机制

信任与承诺通过促进每个合作伙伴对使命、原则和价值观的相互理解,促进横向合作关系的建立(Li 等,2010;Daudi 等,2016)。由于道德风险无法预先识别,企业无法通过契约协议来解释关系中的所有不确定性,这鼓励了关系治理机制的发展。Lambert 等(1999)指出,相互信任与彼此承诺是协同中最重要关系治理机制,这得到了几乎所有学者的认同(Cruijssen 等,2007;Lyons 等,2012;Rodrigues 和 Irina,2015;Rivera,2014;Pomponi 等,2015;张晓燕等,2016;Badraoui 等,2019;Zhang 等,2023)。关系质量是横向合作的关键投入和竞争优势的潜在来源(Combs 等,1999;Nyaga 等,2011)。

HLC 具有竞合性质,涉及两种不同的互动逻辑。一方面,协同双方由于利益冲突而产生敌意,引发机会主义行为;另一方面,为了实现共同目标,双方必须发展信任和相互承诺,伙伴之间的信任与承诺会影响HLC 的形成。

信任是合伙人认为彼此可信的程度(Ganesan,1994),被认为是伙伴间的一种信念或期望,即相信合作伙伴不会利用其脆弱性实施机会行为,因为合作伙伴接受了在他们的关系或交易中共担风险(Lane,2000)。承诺是指企业做出的与协同伙伴保持关系的保证(Morgan,2004)。合作承诺对合作的有效性具有实质性的积极影响。只有当公司致力于长期合作关系时,绩效改善才成为可能(Krause 等,2007)。信任与承诺常常同时出现,因为信任源于主观判断,承诺作出客观保障。企业会通过承诺来降低机会主义行为的威胁。

在一般伙伴关系中,对信任与承诺的测量通常从能力、仁慈、诚信和期望等方面进行(Söllner 等,2010,Kim 等,2020)。能力是指伙伴能够在特定领域内产生影响力的一组技能和特征（Eyuboglu 等，2003），对外可以表现为企业的信誉（Wang 等，2022）。慈善即仁爱，是促进非义务性交换的意愿，指伙伴除了关注自己的利益之外，还希望能为其他企业带来利益的程度（Ganesan，1994）。诚信代表了伙伴的想法，即相信企业会遵从彼此可以接受的原则行事。期望是企业持有的认为合作伙伴的承诺或声明值得信赖的愿望（Mayer 等，1995），实质上是承诺的表现。Sako（1992）提出了信任的增量视角。将信任确定为三个级别：合同、能力和善意信托。合同是伙伴之间相互理解以遵守规定的协定；能力是承认特定的合作伙伴具备必要的技能，以完成一个既定的目标；善意信托是指当合作伙伴决定以超出规定的合同协议的方式行事时，需要更高级别的信任，以通过反复交流建立长期关系。Ha 等（2013）在 Lewicki 等（1995）基于推理的信任（个人因担心不这样做的后果而遵守协议）、基于知识的信任（合作伙伴增加了他们的互惠知识）和基于身份的信任（当事方相信会在可信关系中受到安全保护）的基础上，利用伙伴的情感信任（文化开放性、积极的相互理解、诚信行事）和能力信任（业务能力匹配性、对专有技术/专业的满意度、接受合作伙伴的专业的意愿、伙伴具有的独特的商业知识/技能）来衡量伙伴之间的信任。在 HLC 中，信任与承诺机制体现了合作者对彼此使命、原则和价值观的相互理解（Sheffi 等，2019），成为 LSP 之间的纽带，表现在人际、群体、组织和网络等不同层级上（Cruijssen，2020），可以从以下方面进行测量：主动分享信息、可靠且行动一致、制定明确和现实的期望、记录所有协议、使用可信的外部中介机构、在明确的参与规则下工作。所有这些都应仔细考虑，以使协作发挥作用（Lascaux 等，2020）。

（二）伙伴选择机制

在 HLC 中，另一个非常重要的关系治理机制是伙伴选择，因为随着时间的推移，伙伴的共同价值观才是维系信任与承诺的纽带（Tsai 和 Ghoshal，1998；苏江省，2019）。考虑到物流行业中的大量企业用来判断伙伴的信任与承诺程度的时间通常是不足的，更需要通过合作伙伴的共同努力来提升绩效（Vanovermeire 等，2014），因此需要按照一定的标准预选 LSP 以获得可管理的潜在合作伙伴名单（Martin 等，2018）。找到对的伙伴，HLC 的成功率会极大提高（Daugherty，2011）。组织倾向于建立以信任和大量的信息交换为特征的持续关系（Gulati，1998），因此，选择潜在的合作者非常重要（苏菊宁等，2006）。

企业需要通过建立合理的选择机制来判定协同的绩效（Hitt 等，2000；Solesvik 等，2010；Awasthi 等，2016；William 等，2020；Kim 等，2020），以此获得值得信任的合作伙伴。Brouthers 等（1995）指出，与不合适的伙伴合作对企业的损害，可能比根本不合作更大。但发现合适的合作伙伴很困难（Raffaele 等，2015），发现可信任的合作伙伴更困难 Van 等（2005）总结了选择合作伙伴时应考虑的四个关键因素：敬业度、运营契合度、战略契合度和文化契合度。Bahinipati 等（2009）验证了合作伙伴的战略兼容性，包括行业特征、竞争优势以及每个合作伙伴的内部和外部参数。上述各项的相对重要性可能因 LSP 的合作目标而异。Ankersmit 等（2014）将选择伙伴的三个重要因素总结为相似性、对称性和信任。Hacardiaux 和 Tancrez（2022）注意到，协同目标不同（物流成本最小化和二氧化碳排放量最小化），则伙伴选择的标准不同（偏好、规模或地理位置）。

在已有研究基础上，本书为伙伴选择机制确定了两种标准：绝对标准和相对标准，前者明确而具体，愈高愈好；后者则取决于企业的平衡。绝对标准主要指法律支持；相对标准包括企业数量、伙伴匹配性和合作领域。

1. 伙伴选择的绝对标准

绝对标准表现在各类法律支持上,既包括国家立法的规定,又包括企业高管的态度(Basso 等,2021)。大多数政府会对公司之间的大幅度合作实施限制(如竞争法),此类法规可能会成为横向合作的直接法律障碍。事实上,一般情况下,当总体市场份额超过 10%,企业之间的合作会受到法律的限制,但是由于物流活动的规模和范围都较小,基本不会超过 10%(Cruijssen,2020;Hacardiaux 和 Tancrez,2022),因此 HLC 中的法律支持主要在于企业内部高管的态度(Lyons 等,2012)。企业内部领导和部门的支持力度会极大地影响 HLC 的实施和绩效的取得(Wang 等,2016;Hezarkhani,2021;Lacostea 等,2022),Martin 等(2018)特别强调,由于高层管理团队经常担任合作的发起者,其在组织中的地位和影响力可能会影响协同活动的形成与合作伙伴选择的机会,因此,要选择具有"最佳"高层管理人员的组织来确保这种横向合作的成功(Mrabti 等,2022)。

绝对标准具有一致性,对任何企业而言,进行 HLC,都会选择法律支持大的企业作为协同伙伴。但同时,一些标准需要企业的平衡考量,是相对选择。

2. 伙伴选择的相对标准

相对标准包括了参与协同的企业数量、合作范围和伙伴匹配性(兼容性)。

参与协同的企业数量决定了协同的成本和机会。一方面,观点的多样化是协同实现的基本条件(Shah,2012),合作企业越多,观点多样化程度越高。另一方面,更多的合作企业带来更高的合作和沟通努力(Gulati,1998)。因此,合作企业越多,获取资源的机会就越大(Klint 等,2003;Rivera 等,2014)。但企业数量增多,也可能导致冲突增加,协调成本增大等问题（Knorringa 等，2008）。合作成本与合作企业数量关系密切，合作伙伴越多，额外组织需求越大，协调运营的成本就越大（Arslan 等，2020）。因此，在合作中增加更多的合作伙伴会带来越来越少的好处（Santos 等，2020）。但更多的研究是利用不同方法综合考量各项因素后，给出了具体情况下的合作伙伴数量的建议（Awasthi 等，2015；Martin 等，2018；Basso 等，2021；Mrabti 等，2022）。此外，Adenso-Díaz 等（2014a）基于运输成本的最小化建立了伙伴选择优先指数，帮助寻找最佳的运输协同伙伴，发现协同伙伴数量与协同成功率呈现倒"U"形关系。

横向物流协同的合作范围规定了企业在哪些具体业务（市场）领域进行合作。Schmoltzi 等（2011）认为，HLC 的合作领域既包含服务的地理覆盖范围，又包含物流服务类型的协同。学者对 LSP 提供的物流合作服务所涵盖的服务范围的观点不同。Cruijssen 等（2007）、Verstrepen 等（2009）与 Lambert（1999）的观点一致，认为企业会通过与自己的地理覆盖范围不同的伙伴进行广泛的业务协同，来扩展市场区域，因为广泛的地理覆盖会增加合作的潜在利益（Hacardiaux 和 Tancrez，2022）。Martin 等（2018）在研究横向仓配协同时，指出服务的地理互补性使得 LSP 偶尔可以使用彼此的仓库。但也有学者意见相反，因为物流市场相对分散，导致运输和仓储成本居高不下，企业通过与地理位置接近的供应商或市场的合作伙伴进行有限协同，能够创造规模和范围经济，从而降低成本（Rodrigues 和 Irina，2015）。特别是 LSP 服务的市场区域货物流量不平衡会导致大多数卡车从某些地区满载行驶（Karam 等，2021b），而在相反方向返回时部分或完全空车，在仓配服务方面亦是如此（Hezarkhani 等，2021）。因此，协同企业间共同的供应商和配送基地是横向物流协同的物质基础，企业应该选择具有相同服务市场的合作伙伴实施 HLC。此外，Basso 等（2021）基于多个空间差异化市场中的古诺竞争分析发现，如果考虑到企业的需求和市场的地理特征，则无法就此得出确切的结论。

伙伴匹配性被视为关系治理机制中最重要的一个因素（Sheffi 等，2019；Mrabti 等，2022），也被称为伙伴兼容性（Martin 等，2018；Hezarkhani 等，2021），指的是合作伙伴的业务具有的相容性。Jemison 等（1986）最先介绍了组织匹配性的概念和重要性，认为匹配性决定了组织获得的协同效应。进行 HLC 的伙伴匹配性包括目标一致性、战略匹配性以及资源互补性（Cruijssen 等，2007）。目标一致性又称为相关性、兼容性，即"合作伙伴的脚能放进对方的鞋"，指的是伙伴之间具有共同的利益，目标一致，相互理解（Raue 和 Wallenbarg，2013）。战略匹配性既包含伙伴间组织结构和协同战略的适合性，也包括文化的匹配。因为协同的实现需要"可衡量的文化"（Kale 等，2007，2009）。资源互补性是避免协同伙伴直接竞争的最有效工具（Schmoltzi 等，2011），指向协同伙伴之间的资源对等程度（Cruijssen 等，2007；Schreiner 等，2009），是指合作伙伴之间的金融、市场份额等各项资源实力相当（Lambert 等，1999；Uzzi，1999）。Daugherty（2011）的综述认为，参与伙伴的力量不均衡会导致协同过程脱轨，不宜进行 HLC。

学者们针对协同伙伴的某些具体能力的互补性进行了考量与选择，得出不同结论（Schreiner 等，2009）。Krajewska 等（2008）认为企业应该选择能力和市场地位相似的合作伙伴。特别是运输型 LSP，运输线路和车辆的相似性有助于合并运输，因此，其合作伙伴的相似性越高，协同成功率越高（Leitner 等，2011）。在大数据时代，如果合作伙伴拥有不同的信息传输系统，共享的数据文件格式也可能不同，会造成信息共享受挫，因此，必须考虑合作伙伴之间的信息传输能力的相似性（Hezarkhani 等，2021），这在零售业得到了验证（Wang 等，2016）。此外，能力大抵相当的企业在进行利益分配时会更加公平，有利于协同持久延续（Karama 等，2021b）。但 Verstrepen 等（2009）对 LSP 提供的各项服务的研究与 Fulconis（2011）对 LSP 增值服务能力的研究相同，认为 LSP 倾向于选择潜在互补性高的合作伙伴。Lyons 等（2012）的研究表明，实力相当的企业更倾向于进行互补性商品的协同运输与配送（Pomponi 等，2015）；Rivera 等（2014）与 Bouncken 等（2015）都认为伙伴公司之间知识结构的互补非常重要，可以促进隐性知识和技术的内部化学习。Wallenburg 和 Schäffler（2016）认为资源对等性外在表现为权力结构，即企业对其合作关系的依赖程度。资源越对等，能力越相似，企业的相互依赖程度就越低，因此，需要和互补性强的企业进行合作，以避免因为依赖性过低而为合作埋下隐患。这在资源依赖理论和社会契约理论中均有研究。个别学者进行了综合性研究。Saxton（1997）将伙伴企业在信息系统、财务、营销、技术、生产能力以及组织结构、企业文化、人力资源等方面的相似性称为组织匹配，认为协同绩效与组织匹配度成正比。但也有学者认为选择互补程度不同的企业作为 HLC 的合作伙伴带来的绩效不同（Verstrepen 等，2009；Schmoltzi 等，2011；Rodrigues 和 Irina，2015），企业需要依据协同的目的进行平衡与选择（Klint 等，2003）。因此，企业进行 HLC 到底应该选择相似度高的伙伴，还是互补性强的伙伴，尚无定论（Klint 等，2003；Wallenburg 和 Schäeffler，2016；Mrabti 等，2022）。

图 3-2 对上述研究进行了总结。

二 联合关系努力机制：合同和计划

联合关系努力必须在横向物流协作中得到特别关注（Barratt 等，2001；Mrabti 等，2022），被视为协同各方采取的正式治理机制（Badraoui 等，2022），包括共同目标、共同规划和同步决策，可以具化为对遵守规定行为的反应性合同和严谨的计划（Sheffi 等，2019；Cruijssen，2020）。联合关系努力机制直接影响企业通过 HLC 提高绩效的成

中国横向物流协同研究

```
                        ┌─ 企业协同要取得法律和政策的支持与许可
              ┌─ 法律 ─┤  （Lambert等，1999；Rodrigues等，2015；Cruijssen等，2020；Basso等，2021）
      绝对    │  支持  │
      标准 ──┤        └─ 协同更要取得企业高管的支持
              │           （Lyons等，2012；Martin等，2018；Wang等，2020；Hezarkhani等，2021；
              │            Hacardiaux等，2022；Lacostea等，2022；Mrabti等，2022）
              │
              │        ┌─ 协同伙伴越多，观点多样化程度越高，获取资源的机会就越大
              │        │  （Glint等，2003；Gulati，1998；Shah，2012；Rivera，2014）
              │        │
              │ 伙伴   │─ 伙伴增多，冲突增加，成本增大，企业收益变小
              ├ 数量 ──┤  （Knorringa，2008；Arslan等，2020；Santos 2020）
              │        │
              │        │─ 利用不同方法综合考察各项因素，提出具体建议
              │        │  （Awasthi，2015；Martin，2018；Basso等，2021；Mrabti等，2022）
              │        │
              │        └─ 协同伙伴数量与协同成功率呈现倒U形曲线关系
              │           （Adenso-Díaz等，2014）
伙伴          │
选择 ────────┤        ┌─ 企业选择广泛的合作来扩大市场
机制          │        │  （Lambert，1999；Cruijssen，2007a；Verstrepen等，2009；Schmoltzi，2011；
              │ 合作   │   Martin等，2018；Lacardiaux等，2022）
              ├ 范围 ──┤─ 企业选择有限的合作来扩大市场
              │        │  （Rodrigues，2015；Karam等，2021；Hezarkhani等，2021）
              │        │
              │        └─ 合作范围取决于具体情形
              │           （Martin；2018；Basso等，2021）
              │
              │        ┌ 目标一致性 ┐   ┌─ 综合考察
              │        │            ├──┤ （Saxton，1997；Klint等，2003；Verstrepen等，
              │        │ 战略匹配性 ┘   │  2009；Schmoltzi等，2011；Daugherty等，
              │        │                │  Rodrigues等，2015；Pomponi等，2015；sheffi等，
              │        │                │  2019；Mrabti等，2022）
      相对    │ 伙伴   │
      标准 ──┤ 匹配 ──┤                ┌─ 相似性越高，协同成功率越高
              │ 性     │                │ （Krajewska等，2008；Leitner等，2011；Wang等，
              │        │                │  2020；Hezarkhani等，2021；Karama等，2021）
              │        │                │
              │        │ 资源互补性 ────┤─ 互补性越强，成功率越高
              │        │                │ （Verstrepen等，2009；Fulconis，2011；Lyons等，
              │        │                │  2012；Rivera，2014；Bouncken等，2015；
              │        │                │  Pomponi等，2015；Wallenburg等，2016）
              │        │                │
              │        │                └─ 尚无定论
              │        │                  （Klint，2003；Verstrepen等，2009；Schmoltzi
              │        │                   等，2011；Rodrigues等，2015；Wallenburg等，
              │        │                   2016；Mrabti等，2022）
```

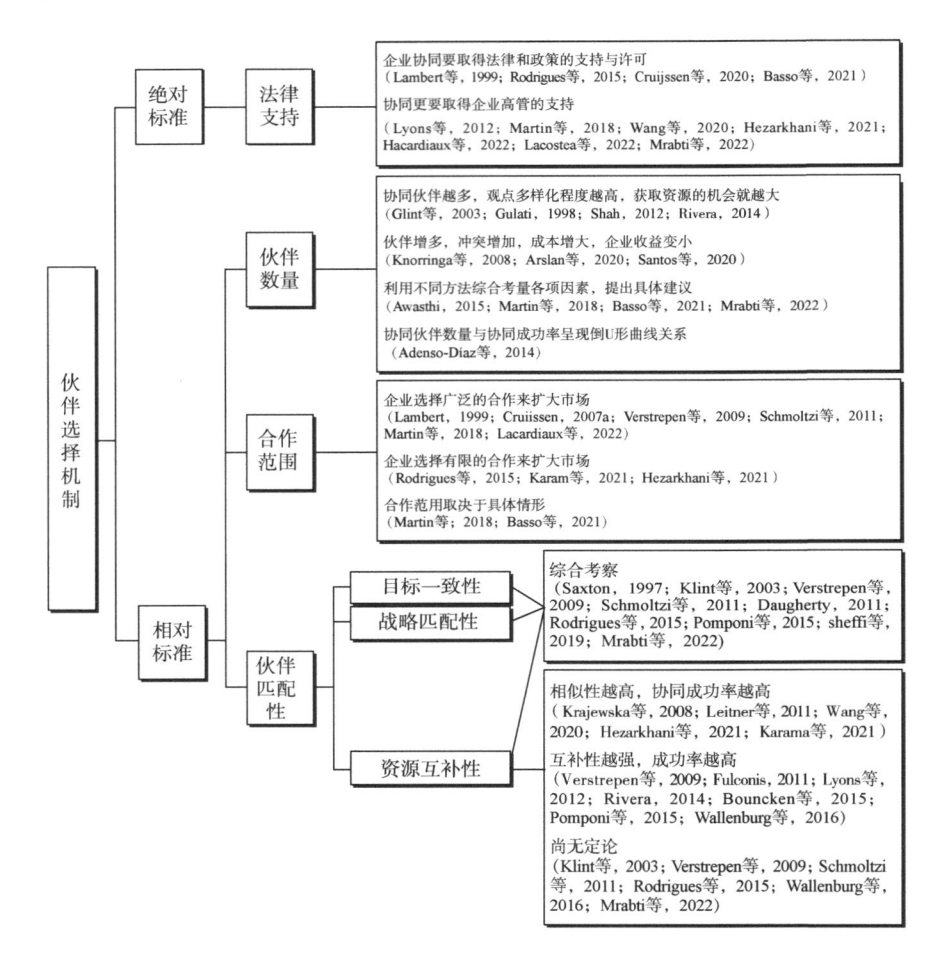

图 3 – 2　HLC 的伙伴选择机制

果，会对此做出积极贡献（Kumar 等，2014；魏冉等，2022）。

（一）合同

从理论上讲，协同合同的形式与风格深度体现了第三方物流之间的信任与承诺（Hofenk，2011；Lyons 等，2012）。实践中，合同的形式多样：口头安排、不涉及股权的书面合同、少数股权协议和合资企业协议等（Schmoltzi 等，2011）。Adrian 等（2018）认为，公司间协议可以概

括为任何形式，只要能基于信任和相互承诺，以双赢为目标即可，他们按照规范的内容将合同分为战略、战术和操作三个等级。合同的内容也不拘一格，严格的合同（Strict Contract）面面俱到，考虑周全，适合指导日常运作（Klint 等，2003）；"开放"的合同更受欢迎（Cruijssen 等，2007）；但是，考虑到服务的灵活性，半开放合同是 HLC 的最佳选择（Rodrigues 和 Irina，2015）。

（二）计划机制

缺乏计划或者计划不周会导致协同失败（Barratt 等，2001；Raffaele 等，2015），因此，HLC 需要建立完善的计划机制。大多数学者从协同持续的时间、深度、广度等角度建立计划机制。

表 3-4 汇总了学者们对 HLC 计划机制的研究。

表 3-4　　　　　　　　　　HLC 的计划机制

角度		计划机制	参考文献
协同深度	协同时间	短时间协同:简单的计划机制； 周期稍长:整合计划机制； 长期协同:战略联盟机制	Cruijssen 等 （2007）
	企业参与制订计划的程度	计划监控:第三方扮演监督者,建立核心计划,参与者严格执行； 计划协调:参与者制订自己的计划,第三方扮演支持者,进行计划整合； 合并计划:企业相互适应,共同制订计划	Frayret 等（2004） Sheffi 等（2019）
		通过计划解决资金、信息和决策流的问题,实现节约最大化的五大机制:监控计划、合并计划、各自独立计划、核心企业独立计划、核心企业全面沟通计划	Audy 等（2011）
	企业相互依赖程度	源自合并的标准化机制,源自功能序列化的计划制定机制,源自互利的计划调整机制,基于网络外部性的标准化机制,基于价值整合的求同存异机制	Wang 和 Kopfer（2013）

续表

角度		计划机制	参考文献
协同广度	实施过程	事前预防性计划：强调联合行动的目标、途径和措施； 事后维护性计划：强调信任与承诺的结果	Solesvik 等（2010）
	计划内容	确定协同中的主要问题； 确定协同价值； 确定协同效应； 确定协同的潜在原因； 选择解决方案	Raffaele 等（2015）
	协同范围（非核心、核心活动）×结构交织程度（高低）	回避联盟计划：非核心活动×低结构交织； 非承诺联盟计划：核心活动×低结构交织； 限制多领域联盟计划：（核心和非核心活动）×低结构交织； 外围联盟计划：非核心活动×高结构交织； 深度联盟计划：核心活动×高结构交织； 一体化联盟计划：（核心和非核心活动）×高结构交织	Martin 等（2018）
	计划地位	战略计划、战术计划、运作计划	Mrabti 等（2022）

对于各类协同计划的作用，学者们的态度不同（Luthra 等，2022）。大多数研究认为，公司会从他们的合作计划中获益（Aloui 等，2021；Martin 等，2018），因为不同的协作计划对共享协作的成功有不同程度的影响（Barbosa 等，2018；Anand 等，2012）。例如，战略协同计划的制订意味着企业高层管理人员的参与度和对协作的关注度高，这可能会促进企业间物流协作行动的成功（Martin 等，2018；Aloui 等，2021），因为计划会提出明确的规则和问题解决方案（Sheffi 等，2019）。但计划也可能没有直接关系（Sandberg 等，2007），因为"从协作计划中获得的收益往往令人失望"（Fawcett 等，2012），这是因为企业很难把握协作框架中界定过程的动态性和复杂性（Aloui 等，2021；Fawcett 等，

2012；Pomponi 等，2015）。

三 信息沟通机制

横向物流协同各方之间的信息交换被视为一种特定于关系的资本（Sheffi 等，2019）。因为关系治理机制的实施需要合作公司之间的信息交换进行协调和保障（Jones 等，1997）。信息沟通机制是协调经济交易和控制行为不确定性的特殊治理机制（Williamson，1995；Karam 等，2021a）。作为一种关键的关系能力，信息交流可以为相关各方带来可持续的战略优势（Paulraj 等，2008）。交换的信息被视为"黏合剂"，可实现协作并深化管理关系。

信息沟通机制是推动 HLC 成功的重要机制（Sheffi 等，2019）。其中，信息技术能力是基础（Rodrigues 和 Irina，2015；Tyler 等，2016），有效的信息沟通方式（模型）是途径（Buijs 等，2014），而协同的实质是高效的信息共享（Cruijssen，2020；Mrabti 等，2022）。

（一）信息技术能力

信息技术和技术部门的发展对企业间的信息沟通产生了巨大影响，并被视为更高级协作的促成因素（Sandberg，2007；Tyler 等，2016）。经验证据表明，特定关系的信息技术投资使合作伙伴能够共享特殊信息，以帮助实现联合价值主张，共同创造关系价值（Sheffi 等，2019）。

信息技术能力是"调动和部署信息技术资源，并使其与其他资源和能力相结合的能力"，是一种提高协同的机制（Morgan 和 Richey，2016）。IT 能力越复杂，企业间的关系价值关联度就越高（Rai 等，2012；Tyler 等，2016）。因为 IT 能力高的企业更容易获取更多的信息。先进的信息技术有利于协同企业交换信息、资金，从而直接提升协同绩效（Tyler 等，2016；Saenz 等，2017）。大量物流文献建议将信息技术作为 LSP 的战略资源加以关注（Wong 等，2010）。此外，也有学者注意到物流集群的发展带来了不同的环境，越来越多的企业入驻集群，开展面对面的交流和合作，集群内部更可靠的环境似乎比信息技术能力对协同绩效的影响更为显著（Sheffi 等，2019）。

（二）信息沟通模型

横向物流协同的信息沟通模型通常被分为两类：集中模型和分散模型（Badraoui 等，2022）。前者需要一个核心企业或者共建的机构扮演中立的协调者的角色，负责战略战术的控制和计划；后者则由所有参与者分别决策，两两匹配。

Buijs 等（2014）较早建立了"中心式信息沟通模型"，由核心承运人进行战略和战术的计划与控制，伙伴承运人负责在运作层面补充信息。但该模型在荷兰和英国的应用略有差异：在荷兰，每个伙伴承运人负责自己的具体事务，通过将自己的系统与核心企业的中间信息系统进行信息交换，完成沟通，进行协调计划与控制，被称为"各司其职式"；在英国，核心企业控制中心堆场或仓库，中小型承运企业对其他三类堆场（成员、集货、发散堆场）进行控制和计划，每个堆场都配备相同的TMS，通过与中心堆场进行信息交互，完成计划与控制，被称为"中心轮辐式"。在此基础上，Rodrigues 和 Irina（2015）也建立了一个"有效沟通模型"。该模型需要一个中立的协调者，在 HLC 中，这个协调者应该是 4PL，他能够设计和运行横向物流协同的项目，保证成本和风险的公平分配与分担。有效沟通模型的主要因素包括协调者、合适的信息交流技术（ICT）平台、基础设施、企业间的联系、公平的成本—风险共享机制，以及信息沟通技术网络与基本设施，它们是保证协同有效进行的重要因素，该模型又被称为第四方（4PL）沟通模型（William 等，2020）。在此基础上，Gansterer 和 Hartl（2018）发展了运输协同的协调员集中沟通模型，即在 HLC 协议中确定一个中央管理层（常常是 4PL）扮演协调员角色，制定联合路线规划，并为所有合作伙伴确定交付要求并匹配可用资源，其他公司与 4PL 共享其所有交付请求和资源，Kamra 等（2021）仿真验证了这种模型。

与上述几种模型不同的是分散沟通模型（Gansterer 等，2018；Kamra 等，2021）。它要求所有合作伙伴仅共享自己的运输资源时间表，而每个合作伙伴分别将其交付请求与共享的运输资源相匹配。分散沟通模型允许单个合作伙伴自行决策，但由于信息交换的不完全性，它可能无法实现 HLC 整体的最大效率。此外，Verdonck 等（2017）专门研究了运输协同中的路线规划和容量共享模式。他们就运输联盟的路线规划提出了五种运输信息沟通方式，分别是联合路线规划方式（集中订单，匹配沟通）、拍卖方式（订单信息拍卖）、双边交换方式（两两交换订单信息）、信息安全交换方式（通过数据推算，得到最小共享信息量，在共享最少的情况下实现成本节约）、装运调度策略方式（伙伴间订单调度）。针对仓储协同，提出了数字编程方式（利用各种算法，进行计算后确定容量共享）、使用谈判协议（合作伙伴之间进行讨价还价以确定最适合自己的合作容量）两种方式。这些模式是对实践和已有横向运输协同研究的总结，具有一定的代表性（刘建国，2011；Darmawan 等，2021）。

另外，随着物流集群的发展，越来越多的学者关注到物流集群内的信息沟通，认为可以分为正式和非正式信息交换机制。正式的信息交换主要通过 IT 系统进行，其信息流通模式与集群外的企业协同差异不大（Sheffi 等，2019）。但是物流集群为 LSP 的管理者提供了一个"一起讨论一般或特定主题，并就其进行公开讨论（交流论坛）或如何改进"的平台（文海旭，2005；Rivera 等，2016）。集群中具有类似特定能力的行为者能够频繁互动，共享信息，并对到期数据进行更精细的解释以共同获得技术，进而有利于各类知识的传播。物流集群营造的信任氛围加强了非正式沟通交流，企业能够更好地与合作伙伴进行面对面交流,帮助关系参与者改善沟通过程的性质。当然,两种信息交换模式对于成功的 HLC 都很重要(文海旭,2005)。一方面,公司成员的频繁互动加强了非正式信息交流。另一方面,通过集群内的公共 IT 基础设施、数据共享和可访问性协议,正式的信息交换得以实现。

四 价值共享机制

协同成功除了需要信任与承诺,还需要良好的计划准备,理想伙伴的共同努力,通畅的信息沟通保障,以及公平的价值共享机制来分摊协同企业的物流运作成本,分配由高效协同和节约产生的收益,帮助企业利用好 HLC 创造的价值。HLC 会增加企业战略的灵活性(Vanovermeire 等,2014),但要求伙伴之间建立一种利益分摊、成本共担和成本节约分配的责任机制(Cruijssen 等,2007),这种机制被称为价值共享机制(Guajardo 等,2016)。

学者对价值共享机制的研究总体上从以下方面进行:第一,价值共享机制的基本原则与约束条件;第二,进行价值共享所借助的方法或工具模型。

(一)价值共享机制的基本原则与约束条件

从总体上讲,无论是协同收益和节约成本的分配还是运作的成本分摊,都要建立简单透明的规则,但更重要的是遵循公平性、灵活性等基本原则和一些约束条件。

1. 价值共享机制的基本原则

公平性是价值共享机制最基本的原则。Agarwal 等(2009)将其定义为 HLC 的每个参与者都能够按照工作量和贡献获得利益、节约成本(Lozano 等,2013;Schonsleben,2004;Adenso - Díaz 等,2014a;

Bean 等，2021），而不会出现某一方占据更多利益的情况（Krajewska 等，2008）。Vanovermeire 等（2014）提出公平性的四项特性，即效率、对称性、附加性和虚拟属性。Guajardo 等（2016）和 Jouida 等（2021）都对此进行了进一步解释。公平性也是协同稳定性的保障，只有协同参与者感受到价值分配的公正，才会继续维持协同状态。为了实现公平性，Cruijssen 和 Dullaert（2007）用装载量、客户数量、运载距离、订单数量四个指标，Soysal 等（2016）用碳排放量、运输时间、总成本、仓储成本构建 KPI 体系，以衡量 HLC 进行价值共享的工作量标准，但这些标准难以同时达到。在 Guajardo 等（2016）看来，公平性没有一个统一的答案，因为每个研究所设定的前提和背景是不同的，他们对 2010—2015 年出版的 35 篇运输协同的文献进行综述研究后发现了 40 种不同的成本分配方法，很难比较它们的公平性。但无论如何，公平性都是价值共享机制最重要的原则之一（Vanovermeire 等，2014；Audy 等，2011）。即便如此，Jouida 等（2021）还是尝试通过建模方式，测试了平等分配、比例分配和 Shapley 价值三种利益分配方式的公平性。Lehoux 等（2009）也专门就提升利益分配的公平性提出了协调机制激励措施，并在 Martin 等（2018）和 Liu 等（2020）的研究中得以延续。特别是 Liu 等（2020）比较了传统的核心法、核仁法和 Shapley 值法的公平性后，建立了领先的理想主义成本分配模型（LiCAM），提出了五个公平属性：完全分摊、稳定、个体理性条件、单调性、领导者分配优势。Kim 等（2020）提出公平性包括程序正义性和分配正义性，并指出公平的成本和利益分配机制的存在增强了合作伙伴之间的信任与承诺。

灵活性是实现公平性的基础。灵活性被视为横向合作的核心原则（William 等，2020），参与者可以根据需要利用它，而不需要完全依赖于长期关系。灵活的价值共享方式和实施途径会带来更多的收益，激励企业协同；带来公平的利润分配和成本分摊（Agarwal 等，2009）。合作企业间的相互信任和长期承诺能够为灵活性奠定基础。Gomber 等（1997）将灵活性定义为根据需求变化特征而改变利益分配的方式。在此基础上，Defryn 等（2016）将企业配送和运输协同计划分为严格计划和灵活计划，以支持联盟的灵活性。严格计划明确规定每天定点完成订单的运输和配送，而灵活计划则组合所有的临时订单和加急订单，安排临时作业。Krajewska 等（2008）将货运企业之间的 HLC 分为预处理、利润最优化和利润共享三个阶段，认为灵活性就是企业应该按照协同活动所处的不同阶段，进行不同的价值分配。Vanovermeire 等（2014）将协同的灵活性定义为伙伴为了降低供应链总成本，而允许交付条款变更的程度，并提出了不同步交付和同步交付两种衡量和补偿合作伙伴之间收益再分配的灵活的价值方法。灵活性依靠企业谈判来促进，Defryn 等（2016）提出企业谈判阶段的货运量清单是建立灵活性计划的基础，Audy 等（2011）也认为灵活性需要依靠前期试点时进行的谈判来促进。但这是一个复杂的过程，因此需要引入一些好的方法来推进，公平利润分配法（Equal Profit Method，EPM）和替代成本避免分配法（Alternative Cost - Avoided Allocation method，ACAM）应用较多（Agarwal 等，2009；Lehoux 等，2009；Flisberg 等，2015；Audy 等，2011；Guajardo 等，2016）。Pan 等（2019）在进行比较后，提出 HLC 的集中化组织会失去一些独立性和灵活性，而分散的组织则能为合作者提供更大的利益分配灵活性。Mrabti 等（2022）提出了一个新的指标来奖励最灵活和可持续的合作伙伴，以推进 HLC 的持续进行。

2. 价值共享机制的约束条件

合理的价值共享机制离不开一些基本的约束条件，主要包括效率、理性、稳定性。

(1) 效率保证了成本或利益的全部分摊与分配

在协同中，由 N 个企业共同参与形成的联盟被称为大联盟（Groud Coalition），其中由 K 个参与者组成的一个分支 S 被称为其中的子联盟。价值共享机制的效率条件表明，大联盟的总成本要在所有的参与者中分配，因此，效率被视为对成本的最优化分配。换言之，大联盟的所有成本要被参与者全部分摊。用 x 表示成本分配矢量，公式（3-1）就是效率条件：

$$\sum_{j \in N} x_j = C(N) \qquad (3-1)$$

当协同企业进行收益分配时，效率条件表示所有收益都会分配给各个参与者，他们所分配的利益之和等于联盟的总收益。

(2) 理性保证协同兼顾个体利益和集体利益

价值共享的最基本目的，是保证个体参与者在自利行为的情况下，得到更好的整体利益（Agarwal 等，2009；Jouida 等，2021）。协同各方虽然是利己的，但也要努力达到共同的目标，必须共担成本与风险，共享收益（Guajardo 等，2016）。所以协同要兼顾个体与集体利益，参与者既要实现自己的利益最大化，实现单独（个体）理性；又要关注整体利益的实现（Cruijssen 等，2007；Liu 等，2020；Jouida 等，2021），满足集体理性。因此，成本的分摊和利益的分配还要满足联盟的集体理性条件和参与者的个体理性条件（Kim 等，2020）。

子联盟 S 的特征化方程是 C：K→R，表示分支中的成本最优化分配的问题。学者们认为，当子联盟的成本分配满足公式（3-2）时，成本分配就满足了价值共享机制的集体理性条件：

$$\sum_{j \in S} x_j \leqslant C(S) \qquad \forall S \in K \qquad (3-2)$$

它表明任何的分支 S，都得不到大联盟所形成的最优总成本。或者，联盟的总收益要大于各成员企业加入联盟之前的单独收益的总和。

当子联盟 S 只有一个参与者，则：

$$x_j \leqslant C\{S\} \qquad \forall j \in N \qquad (3-3)$$

公式（3-3）又称为单独（个体）理性条件，表示其联盟的成本分配一定小于它的单独成本。

将公式（3-2）、公式（3-3）两个条件组合在一起，就构成了联盟实现健康持续发展的基础条件：任何的分支 S 中的企业 j 都不可能单独得到其在大联盟中所能获得的好处。换句话说，任何子联盟中的企业单独行动获得的成本分摊都比其处于大联盟中时要大，个体加入协同后获得的成本节约至少与其独自获取的相同。在进行利益分配时，大联盟中的企业获取的利益要高于其加入联盟之前所获得的收益。虽然可能存在某些企业的暂时性收益小于自己单独经营所获得的利益，但从长期来看，企业所获得的总收益一定要大于加入联盟前的收益。

理性条件反映出企业参加协同的初衷，只要协同的价值共享机制保证企业在协同下的所得都不小于它独干时的所得，企业就愿意加入联盟。

(3) 稳定性保证了协同的持续存在

当一个大联盟建立的时候，潜在的伙伴就需要考虑它的稳定性，若任何一个子联盟的存在会导致成本低于大联盟，则大联盟就不够稳定。因此，稳定性需要通过两个方面进行保证：子联盟的收入不会超过大联盟的收入；大联盟成本总是低于单独的成本，即公式（3-2）所表明的约束条件。此外，协同参与者对满意度的衡量也会影响大联盟的稳定性。Adenso-Díaz 等（2014a）认为成本节约分配的最基础条件是满意度，Lozano 等（2013）将联盟 S 的满意度定义为大联盟 N 相对于子联盟 S 单独行动时的成本节约总额的超出部分（Liu 等，2020）。

公式（3-4）表示满意度的绝对值。

$$E_N(x) = CS(N) - CS(S) \qquad \forall S \neq \emptyset, S \in N \qquad (3-4)$$

其中，$CS(N)$、$CS(S)$ 分别是大联盟和子联盟的成本节约总额，$CS(N)$ 越大，大联盟越令人满意，越稳定。当然，也可以说，E 是子联盟 S 相对于大联盟 N 的绝对总成本超出值。

满意度也可以用相对值表示，满意度的相对值＝满意度绝对值/总成本，表示联盟的相对满意度。

$$s(N) = \frac{E_N(x)}{TC(N)} \quad s(S) = \frac{E_N(x)}{TC(S)} \quad (3-5)$$

基于此，Audy 等（2011）、Lozano 等（2013）、Adenso - Díaz 等（2014a）、Liu 等（2020）、Karam 等（2021b）共同提出了保持联盟稳定程度的限制条件：

$$E_N(n) = 0 \quad (3-6)$$

$$E_N(x) > 0 \quad \forall S \neq \emptyset, S \in N \quad (3-7)$$

公式（3-6）表示因为成本和利益在所有参与者中得到了全部分配，因此，总体而言，大联盟的成本节约达到了上限。同时，如公式（3-7）所示，相对于单独行动，个别成员的满意度应该大于0。

与满意度相对应的是不满意度，可以解释为子联盟 S 中的公司从大联盟 N 退出时获得的收益（Adenso - Díaz 等，2014a）。

此外，合理的价值共享机制还通过联盟的协同度表示，用节约的成本与总成本之比来衡量（Audy 等，2011；Lozano 等，2013；Adenso - Díaz 等，2014a；Basso 等，2021；Hacardiaux 和 Tancrez，2022）。

$$Synergy(N) = \frac{CS(N)}{TC(N)} = \frac{\sum_{j \in N} TC(x)}{TC(N)} - 1 \quad (3-8)$$

协同度受到多种因素的影响（Guajardo 等，2016）：对违约行为的罚金、参与者的同质化水平、参与者进行协同的地理范围（以合作业务覆盖的城市数量来表示）都会正向影响协同度（Lozano 等，2013）。此外，协同参与者的数量会带来比较复杂的影响。伙伴数量的增加会导致总成本的不断降低（Lozano 等，2013），从而促进协同度的提升。但实践中，新成员加入会导致其他个别企业的单独运输成本增加（Agarwal 等，2009），或者引发搭便车现象（Flisberg 等，2015），抑或使运输路线延长等（Adenso‐Díaz 等，2014b），因此，已有参与者极有可能反对新企业的加入，最终的结果是协同中只会包含为数不多的伙伴（Agarwal 等，2009；Lozano 等，2013）。

（二）价值共享机制的常用方法

学者们对协同中的价值共享方法做了大量的研究。将 Guajardo 等（2016）所发现的四十种成本分配方法进行修正，同样可以应用于 HLC 的利益分配和所节约成本的分配方面（Vos 等，2004；Cruijssen 等，2007；Defryn 等，2016；Flisberg 等，2015；Agarwal 等，2009；Lozano 等，2013；Bean 等，2021）。

按照理论依据和解决问题的特点，价值共享方法可以大致分为两类：一类是基于合作博弈论的一般性研究方法，被称为传统方法（Jouida 等，2021）；另一类是针对企业之间的物流协同所进行的专门研究，被称为特别方法（William 等，2020；Liu 等，2021）。

常见的传统方法有夏普利值（Shapley）、核仁法（Nucleolus）、比例法（Proportiona）、双位法（Dual）、边际值法（Marginal）、爱他值法（τ‐Value）、核心法（Core Centre）、最大最小核心法（Minmax Core）、分裂核仁法（Disruption Nucleolus）、每人数核仁法（Per Capita Nucleolus）、模量法（Modiclus）、SM 核仁法（SM‐Nucleolus），以及 Aumann‐Shapley 等。这些传统方法是学者常用的成本分摊和利益分配计算方式，有其优点，但也存在诸多缺陷（Vanovermeire 等，2014；Guajardo 等，2016；Jouida 等，2021）。因此，学者们尝试提出企业之间建立物流协同的新方法，其中一些是对传统方法的修正，另一些则着重体现效率、合理性和公平性，表 3-5 对特别方法做出了整理。

表 3-5　　　　　　　　　　　　价值共享的特别方法

方法名称	参考文献及使用情景
修正均衡 利润法 （AEPM：Adapted Equal Profit Method）	Audy 等（2011）：引入"最小化成本节约百分比"和"三项不可转化成本"解决美国西海岸和五大湖区的运输联盟在满足特别需求时产生的额外成本如何进行分配的问题
	Audy 和 Amours（2008）：加拿大家具企业进行 HLC 时采用的三重利益分配方式：①比例节约分配法（Proportional Equal Savings）；②货运量和体积加权法（Weighted Volume）；③根据运输计划加权体积计算法（Weighted Volume According to the Transportation Plan）
	Flisberg 等（2015）：解决瑞典 29 家企业的物流协同问题
	Lehoux 等（2009）：解决瑞士和加拿大的林木制造业的物流协同问题
	Lehoux 等（2009）：加拿大 4 个家具制造企业在四种情景下的对外运输协同
替代成本法 （ACAAM）	（Alternative Cost Avoided Allocation Method） Audy 等（2011）：分配协同的额外成本而非全部成本
协同计划法（CPP）	（Collaborative Planning Process） Krajewska 等（2008）：将协同过程分为三个阶段，修正夏普利值，以解决承运人之间进行协同所实现的节约的分配
货运比例 分配法	Defryn 等（2016）：Volume-Based Method，以业务量为基础来确定生鲜物流协同利益的分配权重
	Flisberg 等（2015）确定两种方法分配瑞典木材运输的成本： ①基于货运比例分配：VPM（Proportional to Volumes）； ②基于单独成本分配：CPM（Proportional to Stand-Alone Costs）
集中最优 化模型 （COM）	（Centralized Optimization Model） Agarwal 等（2009）：灵活地调整夏普利值，以解决海运和空运中的货物联盟以及内陆运输协同的货物路线设计问题
对基于分离成本和非分离成本分配方法的修正	Flisberg 等（2015）： ①货运量非分离成本法 VNSC（Volume Nonseparable Cost Method）； ②独立非分离成本法 CNSC（Stand-Alone Nonseparable Cost Method）； ③平等非分离成本法 ENSC（Egalitarian Nonseparable Cost Method）

续表

方法名称	参考文献及使用情景
修正线性模型 ALP	(Adapted Line Program) Lozano(2013):解决不同协同背景下的物流协同所产生的成本节约的分摊
平均绝对偏差 成本法 MAD	(Mean Absolute Deviation) Lozano(2013)、Adenso-Díaz 等(2014a):利用平均绝对偏差衡量成本节约的分配,着重进行方案稳定性和公平性的考察
加权相对 节约模型 WRSM	(Weighted Relative Savings Model) Liu 等(2010)、Verdonck 等(2016):是对核心法的修正,用以对参与伙伴之间实现成本节约的最大化程度进行最小化比较
贡献比例法 RP	(Ratio of LSP's Profit) Vos 和 Birger(2015):基于对托运人的贡献比例来计算物流服务商的利润分配
成本分配法 CAM	(Cost Allocation Method) Vanovermeire 等(2014):按照时间不同步性和订单的可分离性充分考虑灵活性的修正夏普利值
多机构拍卖 模型 MAM	(Multi-Gent Auctions Model) Gomber 等(1997):根据需求变化特征改变利益分配方式,为了最大化满足需求额,承运人之间必须提出能获利情况下的最低报价
基于网络的 集成模型	(Integrated, Network-Based Models) William 等(2020):将车辆调度、车辆路径选择、特定设置下的定价、车道交换等因素集成考虑后确定利益分配
共享资源系统的 分析和决策工具	(Analysis and Decision Tools for Systems Operating with Shared Resources) William 等(2020):建议考虑协作的公司需要,以定量的方式理解系统级问题,以便用可靠的事实和预测来考虑协作决策的多个方面
随机方法的合并	(Incorporation of Stochastic Approaches) William 等(2020):对现实世界有重大影响的模型,可以通过扩展到随机设置来增强它们
领先理想主义 成本分配模型	Leading-Idealism Cost Allocation Model(LiCAM) Liu 等(2021):实际上是一个多阶段模型,综合考量了领导者分配优势属性、效率条件、联盟合理性条件、个体合理性和作为联盟中的合作参与者必须承担的积极成本后,提出的分配方式

上述方法的优劣性无法进行比较和确定（Guajardo 等，2016；Mrabti 等，2022），因为各种方法的使用主要依赖于对协同中的两个问题的界定：第一是绩效的衡量尺度（Defryn 等，2016；Agarwal 等，2009），包括协同运作的时间、灵活性和动力等；第二是各种情景下参与者所接受的公平性（Guajardo 等，2016；Vanovermeire 等，2014；Lozano，2013；Flisberg 等，2015）。这些研究从不同视角对不同行业物流服务的横向业务协同的利润分配和成本分摊进行研究，但不难发现，许多分配模型并不是基于"实际物流环境的实际需求"，而是基于"已经定义的分配模型的理论组合"（Guajardo 等，2016；Guo 等，2022a），因此，这些在物流发达国家和地区使用的分配方案，可能并不适用于物流欠发达的国家和区域。

第四节 横向物流协同的价值体现

有学者从经济学和管理学视角总结协同的价值。

从经济学视角，学者们通过"协同效应"来反映横向协同给企业带来的绩效变化（Zacharia 等，2009），认为系统的各个组成部分通过互动能获得远大于其独立运作所获得的价值之和的整体价值（安索夫，2010；Daugherty，2011；Raffaele 等，2015；William 等，2020；王晓玉等，2018），这与协同方式（纵向、横向、综合）无关（王晓玉等，2018）。他们认为，协同价值的本质就是协同创造的利润或者节约的总成本，即总合作利润减去总独立利润的差额或者总独立成本减去总合作成本的差额（Verdonck 等，2013；Raffaele 等，2015；Basso 等，2021；Hacardiaux 和 Tancrez，2022）。

管理学上，常利用案例分析的方式，从实践中将横向物流协同的价值总结为"绩效提升"（Cruijssen 等，2007；Schmoltzi 等，2012；Wang 和 Kopfer，2013；Martin 等，2018；Sheffi 等，2019；Huo，2012；William 等，2020；Mrabti 等，2022）。从管理学意义上看，在有效的协同绩效评估指标方面，学者们分别构建了客观指标和主观指标（Huo，2012；Aloui 等，2021）。

客观指标主要指向财务金融绩效和运作绩效。基于会计的财务绩效分析（Greer 等，2012）反映了不同的回报率指标。横向协同通过销售增长、ROI（投资回报率）、ROA（资产回报率）、ROCE（已动用资本回报率）和 EBIT（息税前利润）等（Wagner 等，2012；Kaplan 等，1996；Mei 等，2011）财务指标来衡量协同后的金融指标变化情况（Ariño，2003；Solakivi 等，2018）。但是获取会计指标数据的难度极大，因此，更多研究用运作绩效测量客观指标。Wiengarten 等（2010）建议按照成本、质量、灵活性和交付的维度来定义一个组织的运营绩效，受到了 Badraoui 等（2019）的认同。经过验证性因子分析后，他们采用前三个维度（成本、服务质量和灵活性）共同构建摩洛哥农业物流协同的运作绩效。Rodrigues 和 Irina（2015）通过两阶段访谈与调查获得了对横向协同绩效的测量标准：提前期、装运频率、成本、二氧化碳排放量、铁（公）路分离、库存、浪费，是针对横向协同进行的专门研究。李华强等（2018）基于周期性车辆路径问题，提出联盟绩效评估模型，通过平均联盟利润和平均协同值（联盟利润占独立运营成本的百分比）S 来共同描述基于承运人横向合作的运输企业联盟绩效。Aloui 等（2021）将经济指标具体化为生产成本和分销成本等，并从固定和可变成本视角分析了运输成本、仓储成本、配送成本、装卸搬运成本等。但取得客观绩效的数据并不容易（Daugherty，2011）。

除了客观绩效，主观因素也很重要：开放性、透明性、公平、和谐、合作等（Prause 等，2014；Aloui 等，2021），应该整合到协同绩效评价指标体系（Aloui 等，2021）。主观绩效较多是基于感知性能评价的主观有效性测量（Schmaltz 等，2011；Badraoui 等，2019）。Matsunno 等

（2013）的研究建立了关于协同的四项主观绩效指标：提升了整体绩效、提升了设备使用率、提高了竞争地位、提高了企业利润率。Schmoltzi 等（2012）借助成熟的 Saxton 性能量表（1997），建立了协同失败率、关系持续时间、有效协同三个指标来衡量物流横向协同的绩效水平。其中，"协同失败率"是对绩效的整体衡量，"关系持续时间"和"有效协同"用来评估个别协同水平。进一步地，Seo 等（2016）用连通性、增值服务、安全和安保、高效运行、成本效率、港口用户的可靠性、便利性 7个二阶因素测量港口协同绩效，研究供应链协同对海运物流绩效的影响，但结果表明，港口的供应链协同对绩效并未产生积极影响。Aloui 等（2021）将其称为操作指标，分为灵活性、满意度、产品质量提升程度。同时，学者们还提出，碳排放量的减少也应该是企业进行横向协同必须考虑的因素（Ubeda 等，2011；Demir 等，2014；Mrabti 等，2022；Aloui 等，2021）。唐建民（2010）利用平衡计分卡与标杆法结合评价了物流联盟绩效，将其分为总体目标绩效、客户价值绩效、准则层绩效和运作层绩效，用 16 个条目测量了上述体系。谢磊等（2014）的研究没有特别区分客观和主观指标，将市场份额、投资回报、边际利润、投资回报增长进行合并测量，发现供应链物流协同对企业绩效的直接作用并不显著。王晓玉等（2018）用物流服务绩效和市场绩效共同衡量物流协同绩效以说明企业的物流协同能力对绩效的影响。

除上述研究外，还有一些学者进行了综合性的研究。Weber（2002）用数据交换频率和协同需求考量合作强度，用信任和满意度水平、冲突解决数量衡量合作质量，建立了欧洲绿色运输通道中企业进行物流协同的绩效评价体系。Verónica 等（2011）不仅通过成本、质量、灵活性、交货期和流程的改善程度来衡量运营绩效，还利用新服务领域、新市场开拓、新技术开发、客户了解和与供应商的团队合作改善五个条目衡量战略绩效，来补充说明运营绩效。Badraoui 等（2019）认为横向协同不仅会带来收益,更能使其成员产生一种满足感,即对公司之间合作经验的积极评价(Field等,2008),这是比绩效取得的层次更高,可用经济结果和关系满意度来衡量(Zacharia等,2009;Grawe等,2015;Badraoui等,2019)。而作为针对横向协同进行综述的文献,Pomponi等(2015)和William等(2020)总结了12项协同绩效:降低成本、客户服务、提高响应能力、社会相关性(尤其是环境问题)、创造价值、提高生产率、增长、创新、提高市场地位、更好的资源管理、降低供应风险、建立网络。Mrabti等(2022)则认为几乎所有文献对HLC的绩效都可以总结为两个方面:3P维度(利润增加、对星球的影响和对人类的影响)以及可持续性发展维度(经济、环境和社会效应)。

事实上,无论是经济学还是管理学的研究,每种指标都有其自身的优势和局限性(Elrod等,2013)。但很明显,学者们对协同效应的研究主要着眼于规模经济、溢出效应、范围经济和对资源的共享等方面,这与物流集群的利益研究基本一致(Sheffi,2010;岑雪品等,2015),也证实了本书关于"物流集群的本质活动是协同"的论断。

第五节 研究评述

通过文献梳理与总结,发现已有研究强调LSP之间的横向物流协同是提升企业绩效的一个新途径,并从微观角度探讨了企业横向协同形成和实施的各项影响因素,研究方法比较丰富,但是研究内容呈现出一般化特点,研究区域相对单一,对LSP之间的横向协同的研究并不系统深入。

第一,专门的横向物流协同研究较少。除少数研究外,一方面,已有研究更多从供应链协同的角度进行,是对企业间进行的纵向、横向和综合物流协同的共同研究,且以纵向协同研究为主。事实上,三者涵盖的范围不同,合作对象的利益关注点也不同,就会导致推动物流协同形成的联合价值主张、保障物流协同成功的运作治理机制均有所不同。另一方面，研究较多关注了各类非物流企业之间的横向协同，他们的竞争性和协同成功的制约因素与 LSP 的横向协同均有极大不同。因此，用一般化的研究结论来概括具有特殊性的协同活动的做法值得商榷。

第二，对横向物流协同的形式和内生机制进行的综合性、系统性研究不足。一方面，已有研究更多聚焦于运输联盟，忽视了物流服务提供商在仓储、信息和其他资源（如人力资源、专用设备）方面的合作。但实践中，横向物流协同形式日趋多样化，各类协同发挥的作用正在逐步增大。随着对"一带一路"倡议的深入实施和第二轮西部大开发的推进，欠发达省份企业也有所顿悟，开始进行横向协同尝试，这一现象值得关注。另一方面，已有研究大多用企业之间物流业务协同的"影响因素""动机""阻碍"，和协同成功的"运作促进因素"等词汇表示横向协同的必要条件，事实上，它们都是保证横向协同开展和成功实施的内生机制，但少有研究用机制研究的方式对此进行系统关注。事实上，随着实践的推进，对横向物流协同内生机制进行系统化、综合化的理论研究成为大势所趋。

第三，不同背景下的研究结论有所不同，甚至相互矛盾。已有研究的结论呈现出多样性，例如，受到区域经济发展条件、企业规模、高管素质、合作领域与形式等多重因素的不同影响，伙伴选择的相对标准体现出不同的侧重点；信息披露程度并不一定总是正向促成绩效提升的；虽然各项研究都积极利用各种方法组合检验企业间协同的成本分摊和利益分配原则，但一些研究却可能是基于已经被定义的理论模型与组合而进行的，这使其研究的现实意义受到限制……这些研究结论常常在不同经济发展背景下呈现出丰富性特点，也为研究地处中国西部的 LSP 的横向物流协同提供了必要性。

综上所述，国内外学者对 LSP 进行横向协同的动力、运作促进因素及其作用路径和协同效应等内生机制问题进行了广泛的研究,这足以说明物流服务提供商间的横向协同是物流业集约化建设的重要途径,也是目前国内外理论与实践的热点和前沿。但是将横向协同置于中国情境下,尤其是置于西部省份进行研究和比较的成果尚不多见。在中国经济发展的新常态及产业结构调整的背景下,如果不能从理论和实践上解决上述问题,势必会影响西部物流业的健康、持续和快速发展。正因如此,本书的研究具有重要的理论价值和现实意义。

第六节 理论模型构建

为了更好地研究 LSP 如何通过与竞争对手合作创造和利用价值,本书构建了横向物流协同研究的系统理论模型,为后续研究构建了框架。如前所述,已有研究关注了横向物流协同的联合价值主张、价值创造方式、治理机制和价值体现,并对它们之间的关系进行了分析和验证。图 3-3 构建的研究理论框架模型是对这些内容的总结与概括。

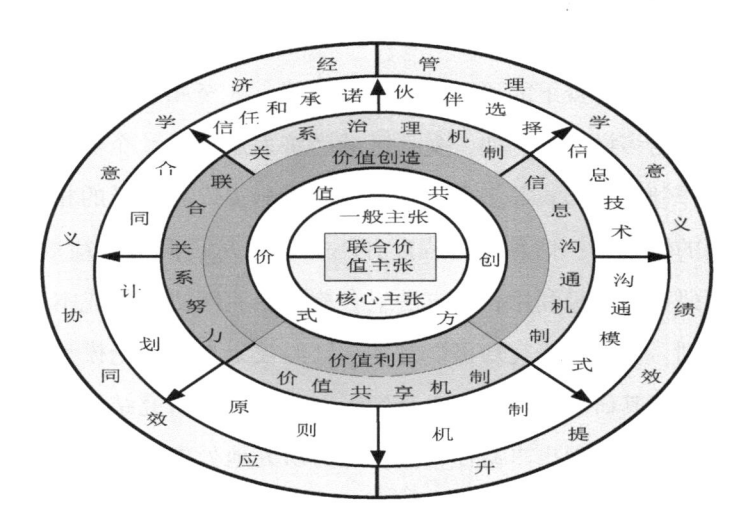

图 3-3 横向物流协同研究的理论框架模型

横向物流协同的理论框架模型综合体现了现有文献几乎全部的研究关注点，也与第二章中文献计量分析的内容基本一致。

联合价值主张是 HLC 的核心，是一种宗旨声明，表明了企业进行横向物流协同的动机。它反映了管理层关于自己想要什么和伙伴想要什么的想法，影响企业如何能够最好地组织协同以满足这些需求，从而获得利润。联合价值主张分为一般价值主张和核心价值主张。一般价值主张说明了影响因素，可以分为基础要素、支持要素、动态能力价值和提升潜力。提升潜力是核心价值主张，表明了竞合行为的内源动力。联合价值主张影响企业横向物流协同行为，为协同参与者通过服务交换和资源整合，在服务生态系统的体验中共同创造价值营造了主观环境。企业间横向物流协同常在成本和效益明显可衡量的情况下进行，水平越高，成本节约和效率提升的空间就越大，但会受到联合价值主张的影响。联合价值主张是 LSP 在横向物流协同中推动绩效提升的强大动因，强调了网络中创造和获取价值的基本核心逻辑和战略选择。为了实现最大化横向合作的潜在利益，企业必须先行明确联合价值主张，作为一种环境，提供充分的条件和程序（即关系治理、联合关系努力和信息共享机制），创造出企业的共同价值，并且催生公平而灵活的价值共享机制来分担成本、分享利润。

在联合价值主张的推动下，企业，特别是 LSP 采取了多种价值共创方式，这是 HLC 的外在表现形式。一般来看，无论横向物流协同的外在表现是按照何种维度，分为何种方式，都是 HLC 的实施载体。一般而言，运输协同、仓储协同、信息共享和资源共享是学者们普遍关注的形式，它们都能在战略和运作层面得以体现。

模型表明，横向物流协同的成功离不开各项运作机制。

成功的横向物流协同依赖于联合关系努力，它是正式的治理机制，主要包括合同和计划。合同有助于建立明确的规则，以便合作伙伴在发生冲突或分配共同利益的时候可以援引这些规则,确保所有各方从关系中受益。计划以事前方式针对未来事件中的不确定性做出预防,从而保障协议的正常履行。不同的协同方式,可能需要采取不同形式和风格的合同与计划。

关系治理机制是非正式治理机制,强调了横向物流协同中"软"方面的重要性。HLC 的关系治理机制包括信任与承诺,以及伙伴选择机制。两者都发挥着促进企业协同行为成功的作用。已有研究常常利用仁慈、诚信来测量源自主观判断的信任,利用能力、期望等来衡量源自客观保证的承诺。伙伴选择影响横向物流协同的顺利实施和重复开展,包含了两类选择标准:合法性和高管的支持作为绝对标准,越高越好;而参与协同的企业数量、合作范围和伙伴匹配性(兼容性)作为相对标准,则可能对绩效提升造成不同的影响,特别是伙伴相似性。文化、能力等方面的相似性也从某种程度上强化了信任与承诺。模型敦促 LSP 认真评估伙伴之间的关系,为信任与承诺奠定隐形基础。

非正式和正式信息交流沟通机制对于成功的横向合作都很重要。信息技术和有效的沟通模式加强了互为竞争对手的伙伴之间的信息交换,也会加深企业之间的信任与承诺程度。信息沟通对绩效提升的影响不一定与技术的提升呈正比例关系,要取决于 HLC 的程度。目前主要的信息沟通方式有集中和分散两种。信息沟通会在一定程度上影响 HLC 伙伴之间的协同行为,进而影响绩效提升。

另外,价值共享机制更多解释了企业之间对共同创造出的价值进行有效的利用和分配。价值共享是 HLC 伙伴进行价值利用的保证机制,涵盖了成本分摊和利益分摊的基本原则和分配方法。企业在遵从一般原则的前提下,可以选择一般方法,也可以因地制宜地选择特殊方法实施价值分配。价值共享机制是对 HLC 中竞争行为的解读,可以帮助企业利用好 HLC 创造的价值。

模型表明，无论哪种方式的协同都应该能够带来绩效提升。绩效提升是横向物流协同的最终结果，也是其价值体现，是 HLC 的结果变量。研究对 HLC 协同价值的分析主要有两个视角：经济学主要构建了协同效应的函数和公式，从收益和成本的比较上进行分析；管理学则从绩效提升的视角进行综合分析，已有研究构建了多维度协同绩效评价指标体系并进行检验，指标体系常兼顾客观因素和主观因素。

但图 3-3 仅说明了整体框架，没有显示具体的联系和各个部分在 HLC 中扮演的角色。本书后面的章节将基于已有研究和基本认识，提出多个假设来审视联合价值主张和关系治理机制所发挥的作用。受篇幅所限，不再进行联合关系努力、信息沟通机制和价值共享机制的验证。

小 结

本章对已有研究进行了综述，构建了 HLC 研究的理论框架模型，发现具有明显竞合特质的 HLC 要以联合价值主张为核心进行，具体可以分为一般和核心价值主张，其中核心价值主张才是推进 HLC 的直接动力。HLC 通过合作创造价值，需要关系治理、联合关系努力和信息沟通机制的保障；通过竞争利用价值，需要价值共享机制进行公平灵活的分配。为了更好地进行协同，企业之间采取了多样化的价值创造方式。最后，本章还将 HLC 的价值体现归结为"绩效提升"，并从经济学和管理学两个视角进行了解读。研究发现，一方面，虽然学者对 HLC 的研究较多，但将其置于中国背景下的研究却较为少见；另一方面，研究较为零散地展示了 HLC 各个方面之间的关系，但缺少一个总体的研究将它们整合起来，因此构建了关系模型，来说明联合价值主张、价值创造方式、治理机制和价值体现之间的联系。

第四章 物流集群对横向物流协同的调节效应研究

相互竞争的企业之间进行横向物流协同，是一个奇妙的景象（Vanovermeire 等，2014）。究其原因，在于 HLC 能够提升企业的绩效表现（Cruijssen，2020），更加容易给中小型企业带来提升的空间（Pérez-Bernabeu 等，2015）。物流集群为企业带来规模、范围、密度和频率经济，以及流动性或价格稳定性，提供从事各类物流业务所需的基础设施和通用设备（Sheffi 等，2019），进一步营造了 HLC 的氛围，促成企业进行各种形式的协同活动。本章将借鉴学者已有的研究，探讨 LSP 进行横向物流协同所带来的绩效提升；分别对企业所进行的横向物流协同、绩效提升进行测量，并通过对比研究构建物流集群在上述主效应中的调节作用模型，进行实证检验。

第一节 问卷设计与调研

一 问卷设计

总体而言，对横向物流协同的调查问卷较为丰富和成熟，但考虑到中国 LSP 的联合价值主张可能与国外企业有所不同（Zhang 等，2023），本书在扎根理论方法基础上结合成熟问卷的题目形成了"联合价值主张"部分的测量题目。其余题目全部选自本领域内影响因子较高的期刊发表的论文。

为避免翻译失误导致的理解偏差,笔者邀请3位物流和供应链管理专业博士对所选量表进行了并行、双向的"翻译—回译"工作,4位长期从事物流服务研究和实践的专家(1位教授、1位政府官员和2位物流企业经理)对问卷的语言表达提出修改意见,以确保被试对问卷的准确理解。表4-1列出了预调研问卷的题目及其来源。

表4-1　　　　　　　　（预）调查问卷的题目来源

	题项(观察变量)	来源
横向物流协同价值创造方式	公司经常会使用同行的物流设备	Heuvel 等,2014;Rivera 等,2014;Schmoltzi 等,2011
	业务繁忙时,公司会从同行那里借用一些作业人员	
	公司经常与同行共用集装箱	
	即使人手不够,公司也不向同行借用作业人员*	本书作者
	公司从不借用同行的物流操作设备*	
	公司经常与同行拼车运送货物	Heuvel 等,2014;Rivera 等,2014
	公司经常帮竞争对手发送零担货物	
	公司经常委托竞争对手发送零担货物	
	公司从不和同行共用卡车*	本书作者
	公司经常和同行共用第三方提供的仓库	Heuvel 等,2014;Rivera 等,2014
	除去临时租赁的情况,公司大量使用同行的仓库	
	除去临时租赁的情况,同行大量使用公司的仓库	
	公司从不和同行共用仓库*	本书作者
	公司的管理者经常私下与同行公司的管理者共享信息	Kamra 等,2021;William 等,2020;Gansterer 等,2018;Rivera 等,2014;
	公司的其他员工经常私下与同行公司的员工共享信息	

续表

	题项(观察变量)	来源
横向物流协同价值创造方式	公司的各类员工不会私下与同行进行信息交流*	本书作者
	公司常会获得同行请求来完成他们的客户临时订单*	Heuvel 等,2014
	公司常会请求同行帮助,以完成客户的临时订单*	
	公司从不与竞争对手进行临时订单交流*	本书作者
横向物流协同联合价值主张	减少资源浪费	扎根研究
	降低非核心业务费用	
	降低人力成本	
	降低物流运作成本	
	获取资金**	
	提高服务质量(如速度、配送可靠性等)	
	在扩展服务范围的同时,提高专业化程度	
	获取新资讯	
	提升创新能力	
	维持或者提高市场占有率	
	接近新市场	
	增强竞标实力**	
	缓和竞争	
	解决一些临时问题或者应对紧急情况	
	按时完成客户交付的紧急作业	
	提升应急能力*	

续表

	题项(观察变量)	来源
信任与承诺	愿意主动和伙伴分享信息	Ha 等,2013;Cruijssen,2020
	公司本着诚实和信用的理念行事	Eyuboglu 等,2003;Söllner 等,2010;Ha 等,2013;Kim 等,2020;Badraoui,2022
	对伙伴的现有能力和专业能力比较满意	
	能够理解伙伴的办事风格	
	发生问题时,愿意接受合作伙伴专业的建议	Ha 等,2013;Cruijssen,2020;Lascaux 等,2020
	伙伴独特的商业知识/技能吸引公司的注意*	
	与伙伴展开合作时,会制定明确的期望和规则	
	选择当前伙伴进行信息沟通有一定的顾虑*	本书作者
伙伴评价	企业文化	Schmoltzi 等,2011;Saxton,1997;Raue 和 Wallenbarg,2013;Sarkar 等,2001
	管理风格	Schmoltzi 等,2011;Raue 和 Wallenbarg,2013
	服务网点	
	组织结构	Saxton,1997
	人力资源**	
	采购能力**	
	信息系统	
	营销能力	Saxton,1997;Uzzi,1999;Raue 和 Wallenbarg,2013
	金融实力	
	服务能力	Schmoltzi 等,2011
	商业活动*	
	管理能力	
	会计系统*	Schmoltzi 等,2011;Saxton,1997
	客户组合(顾客类型)	Schmoltzi 等,2011;Saxton,1997;Zacharia 等,2009
	服务类型*	Schmoltzi 等,2011;Raue 和 Wallenbarg,2013
	核心技术	Schmoltzi 等,2011;Saxton,1997;Zacharia 等,2009;Raue 和 Wallenbarg,2013

续表

题项（观察变量）	来源
绩效提升评价	
合作实现了公司一开始设置的目标	Saxton,1997；Zacharia 等,2009；Sarkar,2001
合作有利于提升公司的核心竞争力和竞争优势	
总体而言,公司对合作绩效非常满意	Saxton,1997；Zacharia 等,2009；Raue 和 Wallenbarg,2013
公司获得了预期之外的其他收益	
公司对合作结果没有考评机制*	Zacharia 等,2009；Raue 和 Wallenbarg,2013
公司与同行合作的平均持续时间	
公司与同行合作过的次数	本书作者
公司与同行合作失败的次数占总合作次数的比例	Schmoltzi 等,2011

注：标注 * 的题目在预调查问卷中出现，但因为影响不大（逆向题目）、因子负荷量过低或者具有较大交叉负荷量被删除；标注 ** 的题目在正式调查问卷中出现，但因为因子负荷量太小被剔除，未在后期研究中出现。

问卷共分为 15 道题目，其中，题目 1—6 为企业一般情况调查，其余题目分别用于调查 LSP 的价值创造方式、信任与承诺程度、对合作伙伴的选择标准、企业对绩效提升程度的评价，以及企业的联合价值主张等，所有题目均采用李克特七点计分法。电子问卷设定了作答逻辑并要求作答所有相关题目后方可提交问卷，纸质问卷尽量请求全部填写完成。对于填写不完整的问卷，作者大多进行了后期追踪，通过电话方式补充完整。

二 问卷调研

鉴于资料的可得性和样本的代表性，问卷调查主要在甘肃、青海、宁夏、陕西、四川、重庆 6 个省份的 25 个大型物流集群（包括但不限于物流、经济、工业园区、大型货物集散中心等）内部以及周边的专业物流企业进行。上述省份代表着中国不同的经济发展水平①。

调查结合电子问卷和纸质问卷两种方式进行。电子问卷主要借助各省物流行业协会和学会，通过在物流集群（园区、经济开发区）内部微信公众号和信息发布平台进行有偿式问卷发布来收集数据，主要针对甘肃省外进行；纸质问卷借助甘肃省发展改革委、甘肃省物流行业协会、甘肃物流学会在全省进行的各项调研契机完成。

问卷调研分为两个阶段，预调研从2017年5月8日至2017年9月2日，主要针对甘肃省内企业进行。共收集问卷201份（169个样本地处物流集群内部或周边，32个远离）。169个样本中，22个选择了不进行（或未进行）协同，147个选择了进行协同；32个样本中，20个选择了协同。预调查问卷中设置了8个逆向题目来验证调研结果的有效性（表4-1中来源为"本书作者"的选项）。例如，"愿意主动和伙伴分享信息"和"选择当前伙伴进行信息沟通有一定的顾虑"互为逆向题目。但对预调研问卷进行分析后发现逆向题目未对结果产生大的影响，专家咨询意见也认为在对逆向题目进行转向后，与正向题目差异不大，建议去除。同时，探索性因子分析（EFA）发现了交叉负荷量过大和过低的题目，均予以删除。

正式调研从2017年9月20日开始，分阶段和地域进行，调研范围不断扩大。截至2022年2月20日，共收集问卷986份，其中有效问卷926份。801个企业选择进行过协同（699个LSP位于物流集群内部或周边，102个远离物流集群）。125个企业选择不进行（或未进行）协同。考虑到模型涉及多变量互惠因果的关系研究，本研究利用结构方程模型进行实证测量与分析。按照使用标准，如果观察变量符

---

① 根据《2021年中国经济形势分析与预测》报告：按照经济发展水平和综合竞争力排名，中国各省份被分为三个方阵：重庆居第二，属于第一方阵；陕西属于第二方阵；四川、甘肃、宁夏、青海均属第三方阵。

合正态分布，则平均每个观察变量 5 个样本即可（吴明隆，2009）；若是其他分布，每个变量的样本最好在 10 个以上（张伟豪等，2020）。正式调查问卷共涉及 52 个观察变量，对样本数据进行的正态性检验表明符合正态分布，问卷数量支持研究。本书大部分实证研究（第五章、第七章、第八章）使用了全部 801 个样本，只有在进行物流集群对"横向物流协同→绩效提升"主效应的调节作用研究（第四章）时，将 801 个样本数据进行了区分和比较研究（物流集群内部的 699 个样本和外部的 102 个样本）。

第二节 物流集群对横向物流协同的影响

近年来，随着各个行业对"第三方利润源"的追逐，物流集群现象在世界及中国各地呈现出快速发展的态势。物流集群被定义为提供物流服务的企业和物流密集型企业的地理聚集区，物流是其业务的重要组成部分（Sheffi 等，2019）。物流集群具有空间地理集聚、组织关系临近、物流功能集中三大基本特征（张晓燕、海峰，2018），本质活动是协同（海峰等，2016；Heuvel 等，2014；张晓燕等，2016；Sheffi 等，2019）。

已有研究展示了物流集群对横向协同的影响（Rivera 等，2014；Sheffi 等，2019；Cruijssen，2020）。物流集群可以通过提供物理邻近性、资源共享、共享文化和相关因素的环境来促进企业间的运输、仓储、资源共享和增值服务的提升（Sheffi，2012；张晓燕、海峰，2018；Cruijssen，2020），行业实例也证明了物流集群在促进横向协同发展方面的潜力（Sheffi 等，2019）。

一些学者认为，物流集群为 LSP 的横向物流协同提供了基础条件。一方面，空间集聚的协同伙伴对当地市场知识和区域文化背景存在共同的理解，这提高了企业之间的兼容性，大量减少了误解，可以帮助 LSP 进行更有效的沟通；另一方面，物流集群为 LSP 提供了专业的物流设施设备，这是进行 HLC 的硬件基础。因此，本书认为，物流集群中，LSP 空间临近，相互之间认知成本降低，企业投机行为成本增加，这些有利于相互合作，能推动协同效应的获得。

但是，也有研究表明，LSP 在物流集群中的空间集聚带来明显的集聚不经济（Fujita 等，2004）。比如，企业对区位的依赖性导致资产流动性差，集聚造成道路阻塞、碳排放量大，大量企业入驻集群导致土地租金增高等，这些不经济会抵消集群环境带来的集聚经济，造成协同绩效不尽如人意（Gary，2014）。

第三节 假设提出与模型构建

本章在正式调查数据的基础上，分别对物流集群内的企业所进行的横向物流协同和由协同带来的绩效提升进行测量，并利用 AMOS 建立和检验 LSP 所处的地理位置（即物流集群）对 HLC 价值创造带来的绩效提升主效应的调节作用。

一 假设提出

一般认为，处于供应链同一水平上相互竞争的企业，尤其是 LSP 进行横向物流协同，能够优化公司内部供应链流程（Rodrigues 和 Irina，2015），提高企业的物流运作效率，从而帮助企业节约大量的外在成本（Hingley 等，2011）。各种形式的物流协同，能够提高企业的物流服务水平，创造和维持协同各方的竞争优势，帮助企业获取更高的协同效应（Schmoltzi 等，2011），这种协同效应在企业层面上主要体现为企业绩效的提升。由此，本书提出第一个假设。

假设1：LSP之间的横向物流协同会带来企业的绩效提升。

假设1是横向物流协同研究的基本假设，也体现了主效应关系。

本书认为，LSP需要一个控制机制来防止由HLC的竞合双面性带来的机会主义风险。虽然有集聚不经济的可能性存在，物流集群具有空间地理集聚、组织关系邻近和物流功能集中三项基本特征，为相互竞争的LSP在物流业务上的横向协同提供了天然的保障。一方面，处于同一物流集群中的LSP之间非正式渠道的信息传递成本较低。因为一旦出现不诚信行为，会在短时间内被集群内部其他企业知晓，使LSP的企业形象受到极大折损，甚至会受到整个行业的排斥。投机行为使LSP付出的机会成本过大，因此LSP不敢也不愿进行投机行为。另一方面，物流集群为LSP营造了一个相对封闭的文化环境，处于其中的LSP对当地市场知识和区域背景存在共同的理解，这促进了企业之间的兼容性，大量减少了误解，可以帮助LSP进行更有效的沟通。此外，物流集群为LSP提供了专业的物流设施设备，这是进行HLC的硬件基础。物流集群能够提供这样的环境和保障，可以认为，在物流集群环境中，LSP更容易获得绩效提升（Sheffi等，2019）。由此，本书提出第二个假设。

假设2：地处物流集群内部的LSP更容易通过横向物流协同获得绩效提升。

二 模型构建

在假设1和假设2的基础上，本章构建了如图4-1所示的"HLC价值创造→绩效提升"主效应模型，用以检验LSP之间进行的横向物流协同对企业绩效提升的影响。调节效应模型反映出企业所处的地理位置对主效应产生的调节作用，其实质是检验物流集群环境对LSP之间横向物流协同的影响。在此之前，本章还构建了HLC价值创造和绩效提升这两个潜在变量的测量模型，并利用调研数据进行验证。LSP 所处的地理位置被区分为物流集群的内部（围墙以内或周边）和外部（远离物流集群），用虚拟变量来代表（IN = 1，OUT = 0）。

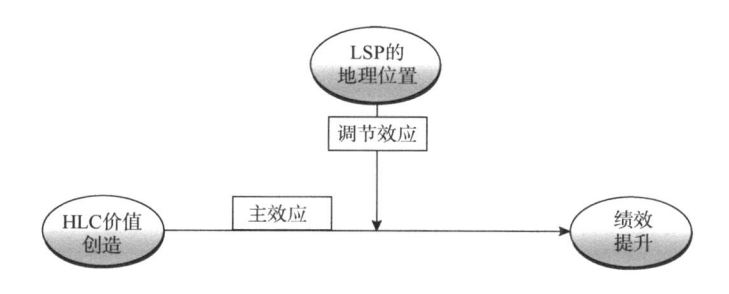

图 4 - 1　横向物流协同效应模型

第四节　"横向物流协同" 价值创造方式测量模型

一　测量模型设计

虽然横向物流协同有多种价值创造方式，但都离不开企业间在物流基本功能方面的合作。运输作为物流的主要功能，被研究者关注得最多，因此，运输能力的共享和协作是衡量企业横向物流协同的主要构念（Sheffi，2012）。诸多学者对此进行了研究，他们认为共享卡车空间既可以提高运输的频率（Cruijssen，2020），缩短客户等待时间；又可以减少空返情况（Schmoltzi 等，2011；Heuvel 等，2014），降低成本（Sheffi 等，2019）。Cruijssen 和 Dullaert（2007）利用卡车利用率衡量运输协同，后来扩展为合作装载、合并行动、共用速度控制系统、城市货运整合和多式联运；Maggi 和 Mariotti（2010）将运输企业共同设计运输路线视为运输协同；Schmoltzi 等（2011）综合了公、铁、水、空和多式联运能力的共享；Heuvel 等（2014）利用零担货物运输能力的互换程度衡量运输协同；Lyons 等（2012）利用商品的合并运输与配送程度来衡量运输协同；Rivera 等（2016）将运输能力共享细分为卡车空间、海运集装箱空间、空运空间的共享。还有许多学者在对具体行业的横向物流的研究（见第三章）中，建立了对运输能力协同的不同考查指标。Palmieri 等（2019）利用小型货物的共同装载、小额交货的合并运输、区域整合中心的使用、城市货运的优化和城市整合中心的使用、多模式机会、物流集群之间的满载移动等对运输能力协同度进行测量，William 等（2020）利用货运整合替代运输协同，利用整车货运、零担货运对运输能力协同度进行测量。Karam 等（2021a）则从发挥作用的视角建立了三个货运整合方式：临时货运整合、长期战略整合和城市整合中心（UCC）。

此外，仓储空间共享也被学者们视为重要的横向物流协同指标之一。物流公司常常把自己冗余的仓储空间出租给伙伴使用，或在储存高峰时期，向同行租用仓库，进行协同库存管理（William 等，2020），实现仓储空间共享（Hacardiaux 和 Tancrez，2022）。Badraoui 等（2019）注意到摩洛哥食品供应链上的仓储协同，认为一个公司一旦决定购买仓储空间，就会降低其灵活性。但是协同既满足了仓库的需求，又实现了资产的流动性和管理的灵活性（Vanovermeire 等，2014）。物流集群中密集的企业增加了对仓储能力的需求，企业通过灵活的协同方式既可以实现资产调配的灵活性，又可以满足资源需求，降低成本（Sheffi 等，2019）。Rivera（2014）、William 等（2020）、Darmawan 等（2021）和 Hacardiaux 和 Tancrez（2022）都从不同角度建立了仓储共享模型。

与企业的设施设备、研发投资和劳动力等相关的人财物是企业的"硬"资源（Pomponi 等，2015；Sheffi 等，2019）。"硬"资源的共享可以化解市场需求变化造成的物流流量与流向难预测的问题。设施设备投资包括车辆、仓库、分拣器械等的利用和维护（Rivera 等，2016）；研发投资包括市场的扩展，特别是共同采购活动（Cruijssen，2020；Badraoui 等，2022）。Heuvel 等（2014）、Rivera 等（2016）也认为物流公司会通过雇员交换进行资源共享，所以，雇员交换及其频率成为一个指标。因此，资源共享就成了测量协同度的构念之一（Pekkarinen，2005；Heuvel 等，2014；Rivera，2014 等），包括集装箱、物流操作机械、设备和人员等（李喆，2013）。

企业的协同管理经验、业务能力、隐性知识等信息被称为"软"资源（Sheffi 等，2019），可以通过集体学习的方式进行普及推广。企业共建知识中心、联合品牌（Cruijssen，2020；William 等，2020）、共享服务、发展增值服务（Rivera，2014 等；Sheffi 等，2019）等均被视为信息共享，可以帮助企业减少成本。Sheffi（2012）就提出物流集群中的企业不仅通过有形资产（运输和仓储设施、设备），还借助无形资产（知识和信息）的协同来得到运作优势，得到了很多学者（张哲，2011；Heuvel 等，2014；Rivera 等，2014、2016；Rodrigues 和 Irina，2015；Pomponi 等，2015；Cruijssen，2020）的认同，他们建立了信息共享指标来衡量信息协同程度。

参照已有研究，本章主要设置了四个变量衡量 HLC 价值创造方式：运输协同、仓储协同、资源共享和信息共享。

二 "HLC 价值创造"模型检验

本书主要参照 Schmoltzi 等（2011）、Heuvel 等（2014）、Rivera 等（2014）和 Badraoui 等（2019）的量表，对中国横向物流协同的形式进行测量。经过预调研的筛选，测量项目在正式调查问卷中体现为 11 个题目，李克特七点计分法选项含义：1＝从不；2、3、4＝有时；5、6、7＝总是。分别考察企业在运输、仓储、信息和其他资源等方面的协同。

一般情况下，学者们通过将标准化测量模型的适配度指数与检验指标的适配度标准或临界值进行对比,观察模型与数据的匹配程度,进而确定模型的可接受性(吴明隆,2009)。表4-2列出了每个检验指标的适配临界值作为判断适配度的标准。本书中所有模型的可接受程度检验均以表4-2为基础进行,此后不予赘述。

表4-2　　　　　　　　结构方程模型适配度检验指标

检验指标		适配度标准或临界值
绝对适配度指数	RMSEA	<0.05(良好);<0.08(普通)
	GFI	>0.900(达标)
	AGFI	
增值适配度指数	NFI	>0.900(普通); >0.950(良好)
	RFI	
	IFI	
	TLI	
	CFI	
简约适配度指数	PNFI	>0.50
	PCFI	
	PRAT	
χ^2/DF		<2.00(良好);<3.00(普通);<5.00(可接受)

按照学者已有研究对潜变量的分析,为了保证测量模型的效度,本书在确定四因子测量模型之前,分别进行了零模型、一阶一因子、一阶二因子无关(F1=同行拼车+帮助发送零担+委托发送零担,F2=其余观察变量)、一阶二因子相关、一阶四因子无关(F1=同行拼车+帮助发送货物+委托发送零担;F2=共用设备+共用作业人员+共用集装箱;F3=共用仓库+同行使用仓库+使用同行仓库;F4=管理者共享

信息+员工共享信息)、一阶四因子相关和二阶四因子测量模型的检验。其适配度指标汇总见表4-3。

表4-3　"HLC价值创造"测量模型验证性因子适配指标汇总

测量模型	卡方值	自由度	χ^2/df	GFI	AGFI	CFI	RMSEA
零模型	2478.565	68	36.449	0.458	0.302	—	0.334
一阶一因子	654.702	55	11.904	0.799	0.678	0.793	0.257
一阶二因子无关	778.342	55	14.152	0.764	0.643	0.724	0.194
一阶二因子相关	487.569	55	8.865	0.843	0.742	0.855	0.167
一阶四因子无关	178.664	52	3.436	0.894	0.866	0.921	0.136
一阶四因子相关	117.908	49	2.41	0.952	0.916	0.956	0.071
二阶四因子	89.764	50	1.795	0.959	0.932	0.982	0.053

注：表中指标可接受阈值：卡方值愈小愈好，自由度愈大愈好，其余指标见表4-3。

可以看出，一阶四因子相关模型和二阶四因子模型均可接受，但相比之下，二阶四因子模型适配度最佳。如前所述，本书用"仓储协同""运输协同""信息共享"和"资源共享"对四个潜变量进行命名，分别表示LSP在仓储能力、运输能力、信息和资源方面的协同。基于此原因，本书分别进行了一阶四因子相关和二阶测量模型的检验。

问卷利用"同行拼车"（公司经常与同行拼车运送货物）、"帮助发送货物"（公司经常帮竞争对手发送零担货物）、"委托发送零担"（公司经常委托竞争对手发送零担货物）来考察企业与合作伙伴进行的运输协同；利用"共用仓库"（公司经常和同行共用第三方提供的仓库）、"使用同行仓库"（除去临时租赁的情况，公司大量使用同行的仓库）和"同行使用仓库"（除去临时租赁的情况，同行大量使用公司的仓库）考察仓储协同；利用"共用设备"（公司经常会使用同行的物流设备）、

‖ 中国横向物流协同研究

"共用作业人员"(业务繁忙时,公司会从同行那里借用一些作业人员)和"共用集装箱"(公司经常与同行共用集装箱)测量资源共享情况;利用"管理者共享信息"(公司的管理者经常私下与同行公司的管理者共享信息)和"员工共享信息"(公司的其他员工经常私下与同行公司的员工共享信息)测量信息共享情况。

(一) 一阶模型检验

1. HLC 价值创造一阶测量模型及其整体适配度检验

HLC 价值创造的一阶四因子相关模型如图 4-2 所示。模型潜在变量分别命名为"运输协同""仓储协同""资源共享"和"信息共享"。四个潜变量之间的标准化相关路径系数为 0.53—0.67,属于高度相关(吴明隆,2009)。

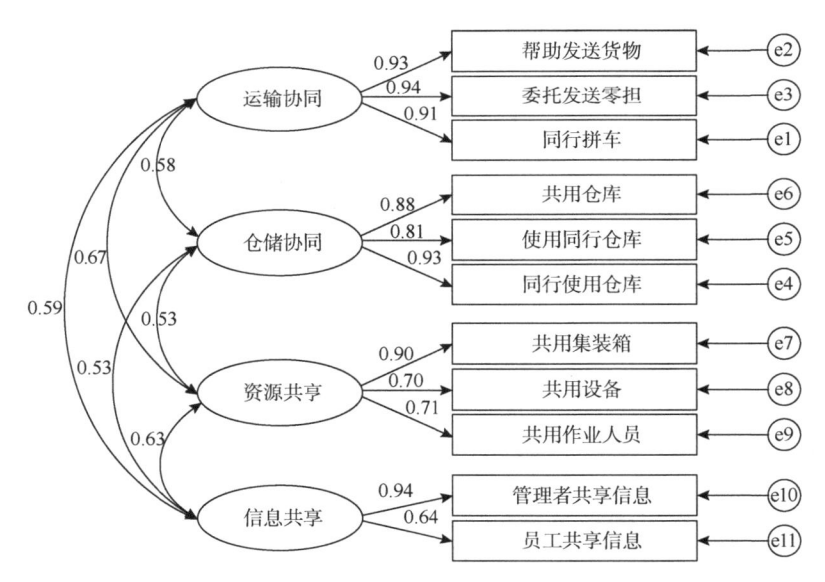

CHI-SQUARE=117.908;DF=49 CHI/DF=2.41;GFI=0.952、AGFI=0.916、CFI=0.956、TLI=0.943;RMSEA=0.071

图 4-2 HLC 价值创造标准化一阶四因子相关测量模型

抽取模型中的主要测量指标，与表 4-3 对比后，可以看出绝对适配度指数的 RMSEA = 0.071 < 0.08，普通。GFI 为 0.952，AGFI 为 0.916，均大于 0.900，达标；增值适配度指数 TLI 和 CFI 均大于 0.900，普通。从整体上讲，所有适配度指数均比较理想，模型可接受。

2. 一阶模型测度变量聚敛效度检验

模型聚敛效度表示对相同潜在变量或构念进行测量的指标变量之间的相关程度。一般用潜在变量的组合信度（CR）和平均方差抽取量（AVE）进行检验。

作为检验潜在变量的信度指标，组合信度主要是评价潜在构念指标的一致程度，也就是所有测量指标分享该因素构念的程度。组合性越高，表示测量指标间存在的内在关联度越高。

组合信度利用潜在变量的标准化因素负荷值计算出，对于可接受临界值，学者们的建议不完全相同。Hair（1997）认为组合信度的可接受门槛为 0.70，Fornell 和 Larcker（1981）认为最低可降至 0.60，Raine-Eudy（2000）提出在 0.50 以上均可以接受。多数学者采用 Kline（2011）的判别标准（吴明隆，2009），认为大于 0.90 最佳，0.80 附近非常好，0.70 附近适中，0.50 是最低可接受范围。

$$\text{组合信度 } P_c = \frac{(\sum \lambda)^2}{(\sum \lambda)^2 + \sum \theta} = \frac{(\sum \text{因素负荷量})^2}{(\sum \text{因素负荷量})^2 + \sum \text{测量误差变异量}}$$

潜在变量的平均方差抽取量表示与测量误差差异量大小相比，潜在变量所能解释的指标变量变异量的程度，用于测度变量之间的差异。一般认为，平均方差抽取量在 0.5 以上时，表示潜在变量之间可以很好区分，具有良好的操作化测量定义。潜在变量平均方差抽取量的计算公式如下公式（4-1）所示。

利用一阶四因子相关模型中的因素负荷量、信度系数（R^2）、测量误差（$1-R^2$）等测量数据，进行计算后得到观察变量组合信度和潜在变量平均方差抽取量,见表4-4。

$$\text{潜在变量平均方差抽取量 } P_v = \frac{\sum \lambda^2}{(\sum \lambda^2 + \sum \theta)}$$

$$= \frac{\sum 因素负荷量^2}{\sum 因素负荷量^2 + \sum 测量误差变异量} \quad (4-1)$$

表4-4 "HLC价值创造"四个潜在变量的组合信度和平均方差抽取量

潜在变量	观察变量	因素负荷量	组合信度(CR)	平均方差抽取量(AVE)
资源共享	共用设备	0.705	0.817	0.601
	作业人员	0.708		
	共用集装箱	0.897		
仓储协同	共用仓库	0.885	0.907	0.766
	使用同行仓库	0.809		
	同行使用仓库	0.928		
运输协同	同行拼车	0.913	0.947	0.857
	帮助发送货物	0.928		
	委托发送零担	0.936		
信息共享	管理者共享信息	0.943	0.779	0.646
	员工共享信息	0.635		

"HLC价值创造"四个潜在变量的观察指标的因素负荷量为0.635—0.943,符合统计上对其[0.500,0.950]的区间要求(吴明隆,2009)。CR>0.7,适中;AVE>0.5,可接受,表明其聚合效度好,指标的同构性好。

3. 一阶模型测度变量区分效度检验

参照Huo(2012)、Henseler(2014)的做法和吴明隆(2009)的建

议，本书利用 AVE 平方根判断法进行判断，各个变量之间具有较好的区分度，见表 4-5。

表 4-5　　　　潜在变量皮尔逊相关系数和 AVE 平方根值

潜在变量	AVE	资源共享	信息共享	运输协同	仓储协同
资源共享	0.601	0.775	—	—	—
信息共享	0.646	0.633	0.806	—	—
运输协同	0.857	0.672	0.591	0.927	—
仓储协同	0.766	0.533	0.526	0.581	0.877

注：斜对角线为 AVE 平方根值，其余值为相关系数，当每个变量的 AVE 平方根均大于该变量与其他变量的相关系数最大值时，各个变量之间具有较好的区分度。

从表 4-5 可以看出，四个构念的标准化相关系数均小于各自 AVE 的平方根，表示构成四个潜在变量两两之间的区分效度较佳。同时，一阶四因子相关测量模型表明，四个潜在变量之间的相互关系程度较高，标准化相关系数为 0.53—0.67，处于中高等关联水平（吴明隆，2009），因此可以认为潜在变量之间可能存在一个更高阶的共同因素，由此可建立二阶模型。

（二）"HLC 价值创造"二阶模型检验

1. 二阶模型及其整体适配度检验

本书在"HLC 价值创造"一阶四因子相关模型基础上建立二阶模型，二阶标准化参数模型如图 4-3 所示。

比对整体适配度的检验要求，HLC 价值创造二阶测量模型的绝对适配度、增值适配度和简约适配度指标全部达到良好标准。从模型结果可见，企业间的横向物流协同的价值创造主要通过资源共享、仓储协同、运输协同和信息共享等方式进行。与一阶模型相比较，二阶测量模型的适配度没有显示出更大的优势，但是二阶模型简化了一阶相关模型，更加合理。

| 中国横向物流协同研究

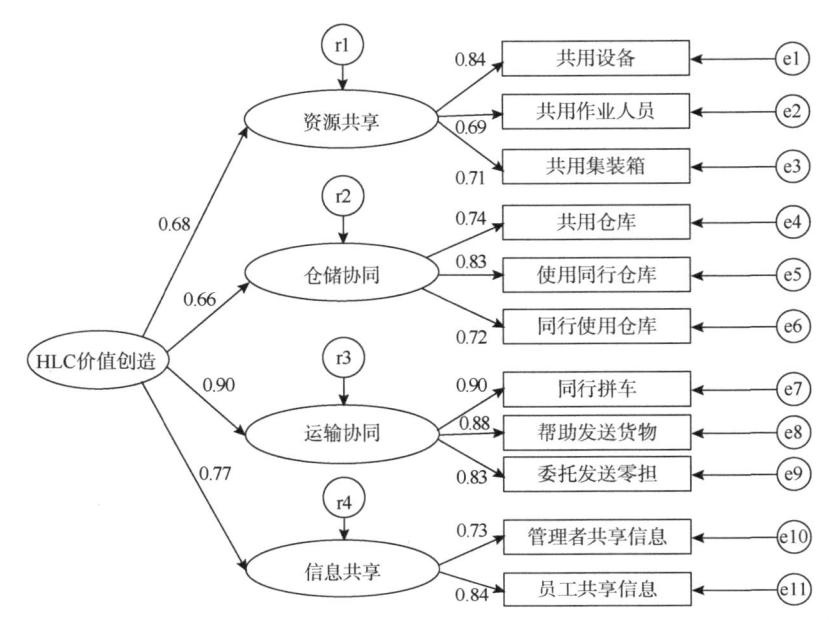

```
                    r1         0.84  ┌──────────┐
                    ↓          ┌────→│ 共用设备  │←── e1
              ┌──────────┐     │     ├──────────┤
              │ 资源共享  │────┼0.69→│共用作业人员│←── e2
              └──────────┘     │     ├──────────┤
           0.68    ↑           └0.71→│ 共用集装箱│←── e3
                   │                 └──────────┘
                   │   r2       0.74 ┌──────────┐
                   │   ↓        ┌───→│ 共用仓库  │←── e4
           0.66 ┌──────────┐    │    ├──────────┤
        ┌──────→│ 仓储协同  │───┼0.83→│使用同行仓库│←── e5
        │       └──────────┘    │    ├──────────┤
┌──────────┐                    └0.72→│同行使用仓库│←── e6
│HLC价值创造│                          └──────────┘
└──────────┘       r3       0.90 ┌──────────┐
        │    0.90  ↓        ┌───→│ 同行拼车  │←── e7
        │    ┌──────────┐   │    ├──────────┤
        ├───→│ 运输协同  │──┼0.88→│帮助发送货物│←── e8
        │    └──────────┘   │    ├──────────┤
        │                   └0.83→│委托发送零担│←── e9
        │    0.77                 └──────────┘
        │          r4       0.73 ┌──────────┐
        │          ↓        ┌───→│管理者共享信息│←── e10
        │    ┌──────────┐   │    ├──────────┤
        └───→│ 信息共享  │──┴0.84→│员工共享信息│←── e11
             └──────────┘        └──────────┘
```

CHI-SQEARE=89.764；DF=50；CMIN/DF=1.795；RMSEA=0.053；
GFI=0.959，AGFI=0.932；TLI=0.975；CFI=0.982

图 4-3 "HLC 价值创造"二阶测量模型

2. 二阶测量模型内在质量检验

从图 4-3 所示的 CFA 模型标准化输出文档中摘选其聚敛效度分析所需的指标因素负荷量、信度系数（负荷量的平方）、测量误差，汇入表 4-6。

表 4-6　　　　横向物流协同聚敛效度分析指标摘选表

二阶构念	一阶构念	因素负荷量	CR	AVE
HLC 价值创造	资源共享	0.679	0.843	0.577
	仓储协同	0.661		
	运输协同	0.902		
	信息共享	0.771		

二阶变量"HLC 价值创造"的四个一阶构念的标准化因素负荷量为 0.661—0.902，处于可接受水平（吴明隆，2009）。四个构念的组合信度为 0.843，处于理想状态；平均方差抽取量为 0.577，处于可接受标准，表明变量的聚合效度好。上述参数表明，二阶模型内在结构的适配度良好，结构合理。故此，本书此后的研究均采用该模型进行。

第五节　横向物流协同绩效提升测量

一　测量模型设计基础

如前所述，横向物流协同的价值主要表现为企业的绩效提升。为了体现出绩效提升评估的有效性和全面性，学者们提出了客观指标和主观指标。客观指标主要指向财务绩效和运作绩效，客观绩效用企业实际数据考量横向物流协同的投资回报，但取得客观绩效的数据比较困难（Daugherty，2011）。因此，主观上的价值体现成为有益的补充（Wiengarten 等，2010；Prause，2014；Sheffi 等，2019；Cruijssen，2020），被学者大量整合到绩效提升评价指标中。这些主观绩效指标较多基于感知性能评价的主观有效性测量（Schmoltzi 等，2011）。

本书参照 Zacharia 等（2009）、Grawe 等（2015）、Schmoltzi 等（2011）的研究，建立了关于横向物流协同的三项价值体现指标：协同成功率[①]、关系持续时间和有效协同。

其中，协同成功率用于衡量绩效整体水平，协同成功率 = 1 - 协同失败率；协同失败率是学者常用指标，正式问卷利用"公司与同行合作

[①] 考虑到在 Zacharia 等（2009）、Grawe 等（2015）、Schmoltzi 等（2011）的研究中，均使用了协同失败率测量，但协同失败率与绩效提升为反向关系，为了实证检验的便利，在进行实证时，本书将其转换为协同成功率，协同成功率 = 1 - 协同失败率。

失败的次数占总合作次数的比例（合作失败是指没有达到合作目的即被终止的合作）"测量；关系持续时间是客观评价指标，评估个别协同水平，利用"公司与同行合作的平均持续时间"测量。按照 Schmoltzi 等（2011）的操作及其测量结果，本书将失败的协同定义为没有达到合作目的即被终止的合作，在进行实证检验时，用 1 – 协同失败率表示协同成功率，先将协同失败率对应转化为 7 分制，1 = 0，2 = 1%—5%，3 = 6%—15%，4 = 16%—25%，5 = 25%—30%，6 = 35%—50%，7 = 50% 以上（Schmoltzi 等在 2011 年的调研结果显示，物流行业特定失败率的上限为 18.9%。各行业平均失败率约为 15%，但制造业为 50%—70%。本书进行的预调研结果显示，平均失败率为 20%）；对关系持续时间做了相同处理，1 = 低于 1 个月，2 = 1—3 个月，3 = 3—6 个月，4 = 6—12 个月，5 = 1—5 年，6 = 5—15 年，7 = 15 年以上（Schmoltzi 等在 2011 年的调研结果显示，大多数 HLC 是长期的，平均合作期限为 7.6 年，约 15% 的企业建立过 15 年或以上的协同关系。本书进行的预调研结果显示，平均合作期限为 3.6 年，关系持续时间基本呈正态分布）。

"有效协同"是主观评价，测量了企业对协同绩效提升程度的感知：合作伙伴是否已经实现了主要目标，是否提高了竞争优势和公司的能力，以及母公司对合作的整体表现是否满意。研究使用了 Saxton（1997）的绩效测量量表，该量表得到了 Sarkar（2001）、Raue 和 Wallenbarg（2013）、Wallenburg 和 Schäffler（2016）、Badraoui 等（2019）的验证和测量，十分成熟。问卷分别利用 4 个题项测量："合作实现了公司一开始设置的目标""合作有利于提升公司的核心竞争力（CC）和竞争优势（CA）""总体而言，公司对合作绩效非常满意"和"公司获得了预期值外的其他收益"，用 7 分制计分法表示，1 = 完全不赞同，2、3、4 = 无所谓，5、6、7 = 完全赞同。

与前述测量相同，为了保证测量模型的效度，研究先后进行了零模型、一阶一因子、一阶二因子无相关（F1 = 协同成功率 + 关系持续时间；F2 = 实现预设目标 + 提升 CC 和 CA + 对绩效满意 + 其他收益）、一阶二因子相关、一阶三因子无关（协同成功率；关系持续时间；F3 = 实现预设目标 + 提升 CC 和 CA + 对绩效满意 + 其他收益）、一阶三因子相关以及二阶模型（协同成功率；关系持续时间；F1 = 实现预设目标 + 提升 CC 和 CA + 对绩效满意 + 其他收益）测量模型的检验。其适配度指标汇总，见表4-7。

表4-7 "绩效提升"测量模型验证性因子适配指标汇总

测量模型	卡方值	自由度	χ^2/df	GFI	AGFI	CFI	RMSEA
零模型	1903.115	60	31.719	0.345	0.321	0.33	0.354
一阶一因子	276.507	16	17.281	0.766	0.416	0.876	0.329
一阶二因子无关	—						
一阶二因子相关	157.344	16	9.834	0.816	0.727	0.899	0.314
一阶三因子无关	399.345	15	26.623	0.701	0.552	0.745	0.317
一阶三因子相关	214.673	14	15.334	0.823	0.902	0.875	0.207
二阶模型	50.815	15	3.387	00.910	0.912	0.955	0.076

注：表中的—表示软件无法识别，模型不能聚合。

表4-7的结果表明，所有模型中，二阶模型的适配度最佳，基本可以被接受的。

二 "绩效提升"模型检验

（一）模型整体适配度检验

如前所述，学者们将协同指标区分为主观指标和客观指标两大类，鉴于中国物流数据统计体系的不健全，客观数据获取难度较大，本书主

中国横向物流协同研究

要选用被诸多学者使用过的成熟量表测量主观数据，即企业对绩效达成的感知程度来测量绩效的提升，并添加了"协同成功率"和"关系持续时间"两个相对客观的指标，共同说明物流集群内部企业进行横向物流协同的绩效情况。

参照 Schmoltzi 等（2011）、Raue 和 Wallenburg（2013）、Wallenburg 和 Schäffler（2016）和 Badraoui 等（2019）的做法和 AMOS 软件输出结果，本书设计了测量绩效提升的二阶三因子模型，其标准化参数模型如图 4-4 所示。测量结果表明，"协同成功率""关系持续时间"作为主观指标，其因子负荷量分别是 0.85 和 0.81；"有效协同"作为一阶潜在变量的因子负荷量为 0.89，而"实现预设目标""提升 CC 和 CA""对绩效满意"和"其他收益"作为观察变量对"有效协同"的解释力度分别为 0.89、0.92、0.90 和 0.89，均处于较高水平（吴明隆，2009）。

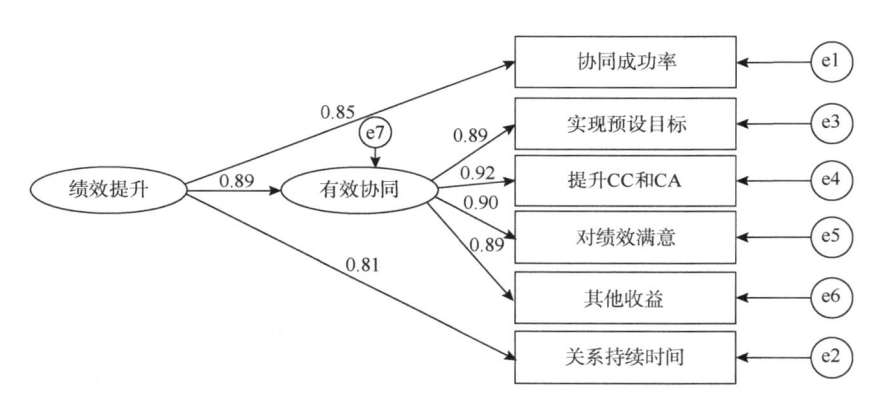

CHI-SQEARE=50.815；DF=15；CMIN/DF=3.387；
RMSEA=0.076；GFI=0.910；AGFI=0.912；TLI=0.925；CFI=0.955

图 4-4 "绩效提升"二阶测量模型

同时，比对表 4-2 中罗列的整体适配度临界值，"绩效提升"二阶测量模型的各个适配度均处于可接受水平，说明中国情境下的绩效提升测量模型基本合理。

(二) 模型聚敛效度检验

按照计算公式,计算绩效提升的各个潜在变量的组合信度和平均方差抽取量,并检验模型聚敛效度,见表 4-8。

表 4-8　　　　　绩效提升模型的聚敛效度分析指标摘选

因素构念	测量指标	因素负荷量	CR	AVE
有效协同 (一阶潜在变量)	实现预设目标	0.894	0.945	0.810
	提升 CC 和 CA	0.922		
	对绩效满意	0.903		
	其他收益	0.892		
二阶模型 (绩效提升)	协同成功率	0.859	0.887	0.724
	关系持续时间	0.807		
	有效协同	0.888		

可以看出,无论是一阶潜在变量"有效协同"的四个测量指标,还是"绩效提升"的二阶模型的三个测量维度,其组合信度和平均方差抽取量均处于较高水平,符合聚敛性指标参数设置要求。这表明,二阶模型内在结构的聚敛效度良好,结构合理。

研究以横向物流协同带来的"绩效提升"测量价值实现,主要针对主观绩效展开,辅以"关系持续时间"和"协同失败率"两项客观绩效。与 Schmoltzi 等 (2011) 的研究结果不同的是,中国的 LSP 进行 HLC 的平均失败率为 20%,略高于 Schmoltzi 等 (2011) 的发现 (Schmoltzi 的调研结果显示,物流行业特定失败率的上限为 18.9%)。"关系持续时间"略低,为 3.6 年,这与中国物流产业的整体运作水平较低有关。因为"协同失败率"是对企业绩效提升的整体衡量,失败率越低,表明 LSP 的运作水平越高 (Raue 和 Wallenburg,2013);"关系持续时间"代表了 LSP 的个别协同水平,个体企业的协同水平越高,行业的发展水平就越高（Wallenburg 和 Schäffler,2016）。

第六节 主效应及物流集群的调节效应研究

一 主效应模型及检验

将所有观察变量的数据带入主效应模型后,进行运算,得到"HLC 价值创造→绩效提升"的标准化参数结果,如图 4-5 所示。

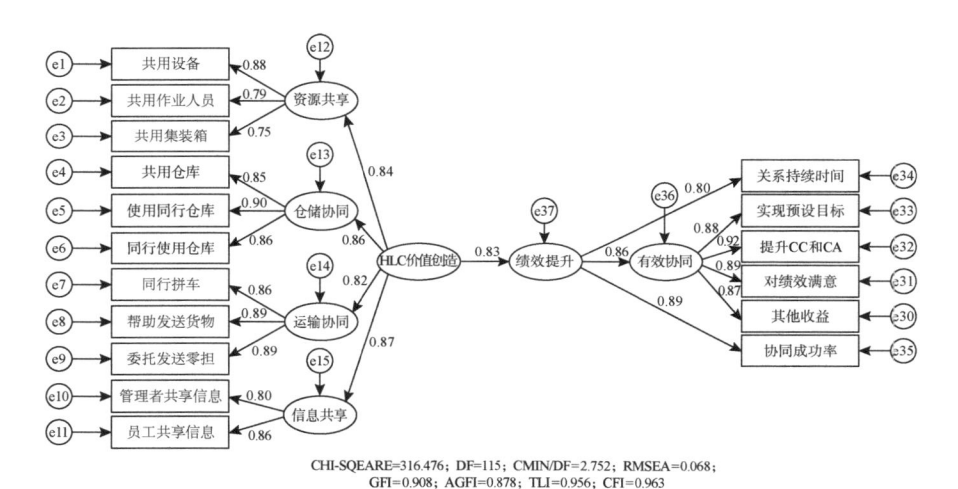

图 4-5 标准化主效应模型

与表 4-2 的整体适配度指标相比对,除"HLC 价值创造→绩效提升"主效应模型的 AGFI=0.878,略低于 0.900 以外,其他适配值指数均符合良好的要求。总体上,模型与数据之间的拟合程度较好,可用于进行因果路径分析。

从图 4-5 的路径系数可以看出,HLC 价值创造带来的绩效提升的标准化影响程度为 0.83。这代表了横向物流协同对绩效提升的直接效用，也支持了本书提出的假设1，表明横向物流协同与绩效提升正相关，横向物流协同促进了绩效的提升。

二 样本数据质量测评

在完成对所有变量的模型测量与检验后，本书对801个样本数据进行了质量测评，描述性统计及皮尔逊相关系数汇总见表4-9。

表4-9　　　　　样本的描述性统计及皮尔逊相关系数汇总

一阶变量	均值	标准偏差	偏度	峰度	AVE	资源协同	仓储协同	运输共享	信息共享	有效协同	协同成功率	关系持续时间
资源共享	2.399	0.801	0.450	-0.368	0.601	**0.775**	—	—	—	—	—	—
信息共享	2.698	1.013	-0.227	-0.887	0.650	0.153**	**0.806**	—	—	—	—	—
运输协同	2.703	1.106	0.575	-0.661	0.860	0.221**	0.028	**0.927**	—	—	—	—
仓储协同	3.528	0.947	-0.414	-0.321	0.770	0.033	0.236**	0.125**	**0.877**	—	—	—
有效协同	3.794	0.724	-1.125	1.662	0.810	0.097	0.170**	0.148**	0.129**	**0.900**	—	—
协同成功率	4.212	1.548	-0.210	-0.009	—	0.189**	0.181**	0.135**	0.075	0.166**	—	—
关系持续时间	3.447	1.035	0.463	-0.404	—	0.153**	0.077	0.091	0.050	0.114*	0.056	—

注：加粗数值是AVE的平方根，平方根下方为皮尔逊相关系数；** 表示在0.01水平（双侧）上显著相关，* 表示在0.1水平（双侧）上显著相关；虽然绩效提升由三个一阶变量共同构成，但关系持续时间、协同成功率并非潜变量，故未列出其平均方差抽取量（AVE）。

针对801个数据的监测表明，所有的一阶潜在变量的AVE平方根均大于它和其他潜在变量的最大相关系数，符合对区别效度的要求（吴明隆，2009）。大多数变量之间两两在0.01的水平上显著正相关，基本符合范围要求（张伟豪等，2020）。主效应模型中各变量的信度分析结果见表4-10。

表 4-10　主效应模型中各变量的信度分析结果汇总

变量	题项	题项—总体相关系数 CITC	删除该题项后的 Cronbach's α	Cronbach's α
资源共享	共用设备	0.767	0.715	0.841
	共用作业人员	0.691	0.797	
	共用集装箱	0.669	0.816	
仓储协同	共用仓库	0.723	0.765	0.901
	使用同行的仓库	0.759	0.771	
	同行使用本企业仓库	0.725	0.768	
运输协同	同行拼车	0.645	0.774	0.910
	帮助发送零担	0.726	0.763	
	委托发送零担	0.725	0.772	
信息共享	管理者共享信息	0.660	0.776	0.815
	员工共享信息	0.721	0.778	
横向物流协同	仓储协同	0.628	0.765	0.777
	运输协同	0.762	0.765	
	信息共享	0.652	0.772	
	资源共享	0.679	0.770	
有效协同	实现预设目标	0.533	0.825	0.839
	提升 CC 和 CA	0.607	0.810	
	对绩效满意	0.607	0.820	
	其他收益	0.621	0.827	
绩效提升	关系持续时间	0.574	0.793	0.801
	协同成功率	0.580	0.701	
	有效协同	0.692	0.769	

注：根据 Hair (2017) 的建议，题项—总体相关系数应大于 0.5，Cronbach's α 在 0.7—0.9 为最优。

本书用到的 801 个样本数据中，CITC 全部大于 0.5，Cronbach's α 全部大于 0.7，符合要求。样本具有较高的信度，测量较为稳定。

三 物流集群的调节效应模型检验

物流集群的调节效应代表 LSP 所处的地理位置对主效应的影响。依据已有研究，地处物流集群内部的 LSP 更容易通过横向物流协同获得绩效提升（Sheffi 等，2019）。对于地理位置的界定，本书遵从 Rivera（2014）等、Sheffi 等（2019）和 Cruijssen（2020）的研究，认为只要 LSP 靠近集群的区域（无论是否在集群的围墙内），都会受到物流集群规模、范围、密度、距离经济的影响，受益于集群的经济性，应该被视为处于物流集群内部；而只有远离物流集群，才应该被视为处于集群外部（张晓燕等，2016）。因此，LSP 所处的地理位置仅存在两种可能，IN 或者 OUT。问卷对位置的测量以公司提供的地址为准，通过地图测算其与周边大型物流集群的位置关系，按照物流园区有效服务范围的一般国际标准 50 千米为限，大于 50 千米认为是远离集群，标记为 OUT；小于等于 50 千米被视为 IN。

按照 Edwards 和 Lambert（2007）的研究，调节变量可以是自然发生的群组，是类别变量。当变量符合这一条件时，可以采用 SEM 的群组分析方法检验其调节效应。按照 Preacher 等（2007）的建议，进行群组方法之前，本书先将模型中涉及的观察变量全部中心化，并在此数据基础上进行后续的所有研究。

群组分析的过程参照温忠麟（2005）的建议，以 LSP 的地理位置分类设置为两个比较群组（IN 和 OUT）后，对模型设置了约束条件 Model1（IN = OUT），表示企业地理位置不影响横向物流协同和绩效提升之间的关系。在 AMOS 中，设置 bootstrap 样本数量为 5000，Bias - Corrected 和 Percentile 置信水平为 0.95（海耶斯，2021），运行 AMOS 之后，分别得到调节效应结果。图 4 - 6、图 4 - 7 分别是处于集群内部（IN）

‖ 中国横向物流协同研究

和外部（OUT）的 LSP 通过横向物流协同获取的绩效提升情况，代表无约束条件。图 4-8 是加入约束条件（IN = OUT）后，调节效应的标准化参数模型。

CHI-QEARE=540.961；DF=241；CMIN/DF=2.245；RMSEA=0.047；
GFI=0.915；AGFI=0.916；TLI=0.908；CFI=0.918

图 4-6　无约束条件下物流集群的调节作用（IN）

注：图 4-6 代表地处物流集群内部的 LSP 通过横向物流协同获得的绩效提升情况。

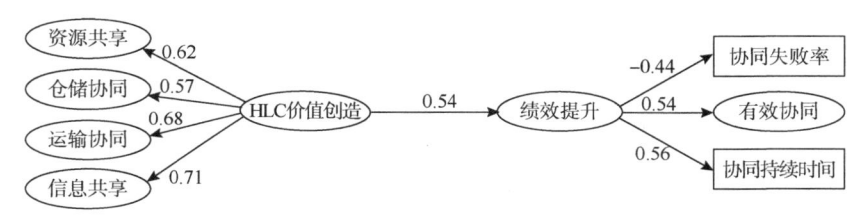

CHI-QEARE=540.961；DF=241；CMIN/DF=2.245；RMSEA=0.047；GFI=0.915；
AGFI=0.916；TLI=0.908；CFI=0.918

图 4-7　无约束条件下物流集群的调节作用（OUT）

注：图 4-7 代表地处物流集群外部的 LSP 通过横向物流协同获得的绩效提升情况。

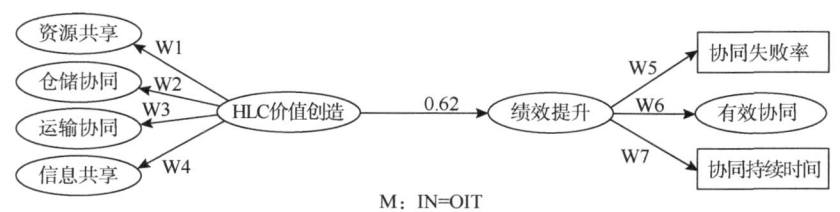

M：IN=OIT
CHI-QEARE=849.664；DF=256；CMIN/DF=3.319；RMSEA=0.051；
GFI=0.901；AGFI=0.894；TLI=0.905；CFI=0.899

图 4-8　约束条件下物流集群的调节作用（IN = OUT）

注：W1—W7 表示一阶变量与二阶变量之间的路径系数，由于 IN 和 OUT 模型下两者略有不同，故此处未显示具体数据。

比对无约束条件（IN、OUT）和约束条件下（IN = OUT）物流集群的调节作用的模型，加入调节约束条件（IN = OUT）后，模型的RMSEA = 0.051，略大于 0.05；GFI = 0.901，大于 0.9；但是 AGFI = 0.894，略小于 0.9，整体适配度欠佳；增值适配度 TLI 在 0.90 以上，符合临界值指标，但 CFI 欠佳；卡方自由度比为 3.319，欠佳，但小于 5，处于可接受水平。

因此，按照温忠麟（2005）的建议，并参照 Ozer（2011）和 Kok - Yee Ng 和 Soon（2008）的做法，用图 4 - 8 约束模型的卡方值和自由度减去图 4 - 6、图 4 - 7 无约束模型的卡方值和自由度，得到的新卡方值和自由度，来检验调节变量是否存在，见表 4 - 11。

表 4 - 11　　　　　　　　无约束和约束模型比较表

模型	卡方值	自由度	p 值
约束模型（IN = OUT）	849.664	246	***
无约束模型	540.961	241	***
差值	308.703	5	***

注：*** 表示在 0.001 水平上显著。

按照已有研究的建议，约束模型和无约束模型之间的差值（新卡方值和自由度）所对应的 p 值为 0.000，在 95% 的置信区间上显著。这表明 LSP 所处的地理位置（物流集群）对 HLC 价值创造和绩效提升之间的正向关系的确存在调节作用。

为了进一步验证调节作用，本书还对比了两种地理位置（IN 和 OUT）的总效用和直接效用，以说明地理位置的影响强度。按照 Edwards 和 Lambert（2007）的建议，表 4 - 12 使用了非标准化系数，对应的标准化系数如图 4 - 6 和图 4 - 7 所示。

表4-12　　　　　　　　标准化总效用和直接效用的比较报告

模型	无约束模型	IN	OUT
总效用	0.836***	0.854***	0.560***
直接效用	0.836***	0.854***	0.560***

注：*** 表示在0.001水平上显著。

可以看出，将企业所处的地理位置（物流集群）作为调节变量，不同的地理位置带来的效应有极大不同，因为仅考察了单一的因果关系，总效用和直接效用相同，间接效用均为0。但是，很明显，LSP所处的地理位置（是否处于物流集群内部）对主效应起到正向调节作用，且在0.001的水平上，处于物流集群内部的LSP进行横向物流协同所获得的绩效提升受到的调节作用强度远大于物流集群外部的LSP。假设2得到支持。

对中国物流集群背景下的研究结果支持了前述Rivera等（2014）、Sheffi（2012）等学者的观点，是对Adenso-Díaz等（2014b）和Cruijssen（2020）等学者在HLC领域进行研究的进一步补充。中国情景下，地处物流集群中的LSP更容易通过进行横向物流协同获取绩效提升，原因可能在于物流集群能够为企业带来文化认同和通用的基础设施条件。

小　结

本章建立并检验了"HLC价值创造→绩效提升"主效应模型，以及物流集群对它的调节作用。

中国情景下，"HLC价值创造"由四个维度构成，分别是运输协同、仓储协同、资源共享和信息共享，这四个维度分别代表有形与无形资源的分享和协同。"绩效提升"可以由三个维度共同测量。"协同成功率" = 1 - 协同失败率，代表了整体的协同绩效衡量；"协同持续时间"

和"有效协同"评估了个别协同水平。同时,"协同成功率"和"协同持续时间"是客观绩效指标,"有效协同"代表了主观绩效评价。结果显示,企业通过 HLC 价值创造能够极大地促进 LSP 绩效提升的实现。

同时,LSP 所处的地理位置对主效应的影响反映了物流集群环境的调节作用。本书将集群围墙之内或周边区域视为内部,将远离物流集群的区域视为外部,把 LSP 所处的地理位置分为 IN 和 OUT 两种情况,利用 AMOS 群组分析功能比较了地处物流集群内外部的 LSP 的绩效提升程度,发现处于物流集群内部的 LSP 更容易获得由横向物流协同带来的绩效提升。这主要是因为物流集群能为企业创造相互信任的商业文化氛围和良好的基础设施设备共享环境。

第五章　横向物流协同的关系治理机制
——关系治理的中介效应研究

LSP 之间的横向物流协同需要通过关系治理来促进绩效提升（Vanovermeire 等，2014；Sheffi 等，2019），并阻止公司间的机会主义行为（Granovetter，1985）。如前所述，关系治理机制包括信任与承诺机制和伙伴选择机制，前者为了适应不断变化的外界环境，后者则提供了坚实的合作基础。

已有研究认为，关系治理在横向物流协同中扮演中介变量的角色，连接其因和结果（Morgan，2004；Raue 和 Wallenburg，2013；Petter 等，2014；Sheffi 等，2019；Kim 等，2020；Cruijssen，2020；Badraoui 等，2022）。本章主要关注信任与承诺机制和伙伴选择机制在横向物流协同中发挥的中介作用。

第一节　假设提出

一　信任与承诺机制的作用

在有关物流协作的文献中，信任与承诺是被引用最多的协同治理因素（Cruijssen，2020）。它们被视为一种特别重要的关系治理形式

（Sheffi 等，2019）。总体上讲，信任与承诺可以促进非强制性的合作意愿，这意味着合作伙伴能够感知到这种关系的好处（Schotanus 等，2010）。信任与承诺有效消解了对机会主义的担心，常常扮演中介变量的角色。彼此信任的合作伙伴也会表现出对关系的更多承诺，因为他们会更有信心为合作的成功做出必要的努力。Pomponi 等（2015）、Cao 等（2011）的研究表明，合作活动，如信息共享、共同关系努力和专门投资，会带来信任与承诺。Pomponi 等（2015）定义了合作程度的三个层次（作战、战术和战略）和信任的三个层次（协议驱动、知识驱动和协作驱动）。不同合作程度表现出不同的合作行为，决定不同的信任程度。信任与承诺是协同绩效的关键驱动因素（Palmatier，2008），它被认为对合作结果有直接影响，因为当合作伙伴致力于合作时，关系就会得到改善（Krause，2007）。就 HLC 而言，从操作层面看，能力和共享资源被认为是决定关系中信任与承诺水平的重要因素。在关系层面，来自关系特定投资的依赖被描述为对成员的承诺水平有影响。基于此，本书提出第三个假设。

假设3：信任与承诺中介了 HLC 价值创造和绩效提升之间的正向关系。

二 伙伴选择机制的作用

毫无疑问，企业要通过"合适"的协同伙伴来进行密切合作，以实现其企业绩效（Saxton，1997；Saenz 等，2017）。因此，作为关系治理机制的重要组成部分，伙伴选择同样在 HLC 中发挥着重要的中介作用（Rare 等，2013；张晓燕等，2016；Sheffi 等，2019）。Petter 等（2014）通过综述的方式分析了合作伙伴对促进企业协同行为成功的作用。Lehoux 等（2009）也将伙伴选择作为构建协同的基本过程，研究了其对绩效提升的作用。Martin 等（2018）和 Mrabti 等（2022）对横向物流协同机制进行了综述研究，两篇文章均将伙伴选择视为重要的关系治理机制，认为其决定着 HLC 的成败。前者提出，充分的信任、参与和运营水平操作配合是每个成功的 HLC 的基础因素。然而，当 LSP 想要创建深厚而持久的联盟时，战略和文化匹配变得重要（Hoang 和 Rothaermel，2005、2010；Ouhader 和 Kyal，2017）。后者从社会、经济、环境等维度考查伙伴选择的标准，认为合作伙伴的规模、财务状况、联合客户、声誉、愿景、产品（服务）兼容性、共同目标、共同客户群体等都会影响 HLC 的成败。张晓燕等（2016）利用实证方法将伙伴相似性作为伙伴选择的标准，证明了其在中国的横向运输协同中发挥中介作用。基于此，本书提出第四个假设。

假设 4：伙伴相似性中介了 HLC 价值创造和绩效提升之间的正向关系。

第二节 "信任与承诺"测量与中介作用检验

一 模型设计基础

横向物流协同中的信任与承诺测量并不多见，对它的测量常以一般伙伴关系中的信任与承诺四维度（能力、仁慈、诚信和期望）为基础进行（Eyuboglu 等，2003；Söllner 等，2010；Ha 等，2013；Kim 等，2020；Lascaux 等，2020；Cruijssen，2020；Badraoui 等，2022）。特别是 Ha 等（2013）的研究备受关注，得到了较多验证（Fu 等，2017）。以企业对伙伴的主观认识和客观认识为基础，Ha 等（2013）将信任与承诺分为伙伴的情感信任（文化开放性、积极的相互理解、诚信行事）和能力信任（业务能力匹配性、对专有技术/专业的满意度、接受合作伙伴的专业的意愿、伙伴具有的独特的商业知识/技能）。Sheffi 等（2019）和 Cruijssen（2020）特别关注了 HLC 中的信任与承诺机制，提出他们是合作中公司之间的纽带，表现在人际、群体、组织和网络等不同层级上，体现了合作者对彼此使命、原则和价值观的理解（Lascaux 等，2020；Badraoui 等，2022）。HLC 中信任与承诺的具体表现为：主动分享信息、行动一致且可靠、制定明确和现实的期望、记录所有协议、使用可信的外部中介机构、在明确的参与规则下工作等。

本书综合上述文献，在预调研中利用伙伴的文化开放性（愿意主动和伙伴分享信息）、相互理解（能够理解伙伴的办事风格）、诚信行事（公司本着诚实和信用的理念行事）测评 LSP 之间基于情感的信任与承诺（简称情感信任），指向由企业对伙伴的主观认识所产生的理解尊重和行事保证。利用伙伴业务能力（对伙伴的现有能力和专业能力比较满意）、专有技术满意度（伙伴独特的商业知识/技能吸引公司的注意）、接受专业建议（发生问题时，愿意接受伙伴专业的建议）、期望和规则（与伙伴展开合作时，会制定明确的期望和规则）来测评基于能力的信任与承诺（简称能力信任），指向根据伙伴拥有的客观能力而产生的期望和活动规则。其中，诚信行事、期望和规则是情感信任和能力信任中对承诺的测量指标。此外，问卷利用"选择当前伙伴进行合作有一定的顾虑"作为逆向题目测量。预调研的结果显示"伙伴业务能力"与"专有技术满意度"具有较大交叉负荷量，评审后认为后者可以代替前者而被删除，逆向题目影响不大，被删除。

二 "信任与承诺" 测量与中介作用检验

本书利用 AMOS 软件的 bootstrap 功能研究信任与承诺对 HLC 绩效提升的中介作用。如前所述，正式问卷中 6 个条目分别考察了信任与承诺，采取李克特七点计分法（1 = 完全不同意，2、3、4 = 无所谓，5、6、7 = 完全同意）。本书利用探索性因子分析（EFA）来评估观察变量的一维性，然后用 Cronbach α 来考察其可靠性。首先，使用具有主成分分析和具有 Kaiser 标准化的 varimax 旋转的 EFA 来说明各个因子。EFA 结果识别出所有的 6 个条目（因子负荷量 0.612 以上），同时因为因子旋转的相关系数最小值被设置为 0.40（张伟豪等，2020），保证观测变量不对其他潜在变量进行低负载测量。

利用 AMOS 对 6 个条目分别进行了零模型、一阶一因子模型、二因子无关模型（F1 = 文化开放性 + 相互理解 + 诚信行事；F2 = 专有技术满意度 + 接受专业建议 + 期望和规则）、二因子相关模型、二阶二因子模型分析与比较，模型适配度分析结果见表 5 - 1。

表 5 - 1 "信任与承诺"测量模型验证性因子适配指标汇总

测量模型	卡方值	自由度	χ^2/df	GFI	AGFI	CFI	RMSEA
零模型	1043.141	15	69.543	0.369	0.117	0.0	0.483
一阶一因子模型	57.363	9	6.374	0.947	0.877	0.953	0.135
一阶二因子无关模型	267.507	9	29.732	0.825	0.591	0.749	0.313
一阶二因子相关模型	23.612	9	2.95	0.959	0.913	0.965	0.053
二阶二因子模型	—	—	—	—	—	—	—

注：受到软件功能限制，二阶二因子未被识别。

（一）模型整体适配度检验

从表 5 - 1 可见，一阶二因子相关模型适配度全部达到标准，其标准化系数测量模型如图 5 - 1 所示。

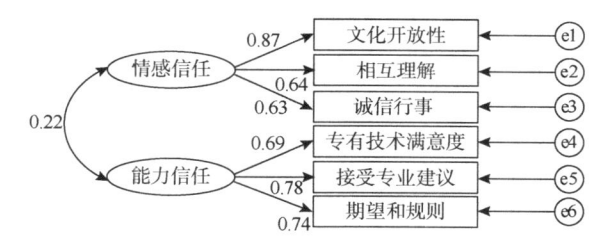

```
                0.87   ┌─文化开放性─┐ e1
         情感信任──────┤             │
                0.64  ├─相互理解───┤ e2
    0.22       0.63  ├─诚信行事───┤ e3
                0.69 ├─专有技术满意度─┤ e4
         能力信任──────┤             │
                0.78  ├─接受专业建议─┤ e5
                0.74  └─期望和规则─┘ e6
```

CHI-SQEARE=168.901；DF=59；CMIN/DF=2.863；RMSEA=0.085；
GFI=0.901；AGFI=0.899；TLI=0.922；CFI=0.912

图 5-1 信任与承诺一阶二因子相关模型

（二）一阶模型测量变量聚敛效度检验

从图 5-1 所示的标准化系数测量模型中摘选对构成信任与承诺的两个潜在变量的聚敛效度分析所需的指标，并利用公式计算潜在变量的组合信度和平均方差抽取量，汇入表 5-2。

表 5-2 信任与承诺一阶模型潜在变量的组合信度和平均方差抽取量

潜在变量	观察变量	因素负荷量	组合信度（CR）	平均方差抽取量（AVE）
情感信任	文化开放性	0.868	0.761	0.521
	相互理解	0.640		
	诚信行事	0.632		
能力信任	专有技术满意度	0.689	0.778	0.539
	接受专业建议	0.775		
	期望与规则	0.736		

依据表 5-2，潜在变量"情感信任"和"能力信任"的观察指标的因素负荷量符合统计上对其 [0.500, 0.950] 的区间要求（吴明隆，2009），CR 分别为 0.761 和 0.778，处于适中水平，表明两者的同构性

很好。同时，AVE 均大于 0.50，可接受，表明两个潜在变量具有良好的信度和效度，聚合效度好。可见，信任与承诺的一阶测量模型内在结构的适配度良好，结构合理。

（三）模型区分效度检验

利用 AVE 平方根判断法判断模型的区分效度，两个构念之间的标准化相关系数为 0.224，小于各自 AVE 的平方根，表示潜在变量之间的区分效度较佳。

已有文献表明，"情感信任"和"能力信任"可以用于共同测量"信任与承诺"（Ha 等，2013），但一阶模型检验表明两者之间的标准化路径系数是 0.224，处于低关联水平（吴明隆，2009），可能的原因在于情感信任和能力信任分别是基于主观和客观的判断对合作伙伴作出的信任与承诺。前者源于对协作企业之间关系的认知，后者出于物流运作层面的需要（Pomponi 等，2015）。HLC 之间的竞合逻辑促使合作伙伴从理性上选择知识驱动下的能力信任，以获得专业提升；而从感性上选择情感信任，以避免机会主义行为，这涉及两种不同的互动逻辑。事实上，针对 LSP 进行的访谈也表明，合作伙伴的客观技术水平和企业对其的主观信赖程度并不必然具有高关联度。因为能力强的伙伴也会受到其他企业的青睐，这会影响 LSP 情感信任的程度。当然，如果企业能找到信任与承诺程度均高的企业，也会增加战略合作的机会，这与 Pomponi 等（2015）和 Sheffi 等（2019）的研究结果具有一致性。

三 信任与承诺的中介效应研究

（一）信任与承诺中介效应模型及检验

如前所述，已有研究表明"信任与承诺"在横向物流协同和绩效提升之间发挥着中介作用。横向物流协同由四个构念组成，信任与承诺分别用两个构念表示，分别为"情感信任"和"能力信任"；协同绩效由三个指标衡量，其中"有效协同"是潜在变量，"协同成功率"和"关系持续时间"是观察变量。

1. 中介模型的适配度检验

将所有观察变量的数据带入中介模型后，进行运算，得到"HLC价值创造 → 信任与承诺 → 绩效提升"中介模型的标准化参数结果，如图5-2所示。

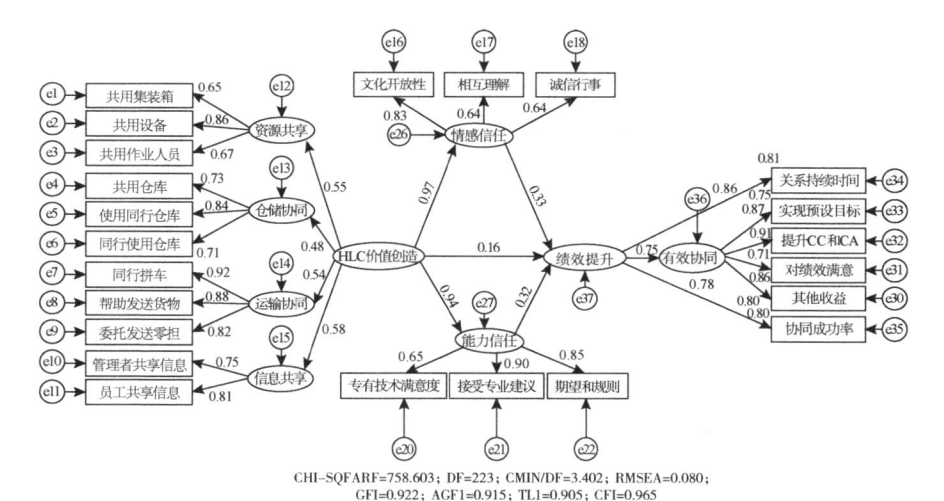

图 5-2 信任与承诺的标准化中介模型

从图5-2可以看出，情感信任和能力信任对"HLC价值创造→绩效提升"关系的中介效应模型的各个基本适配值指数均处于可接受的水平，说明中介模型与数据之间的拟合程度较好。

2. 信任与承诺的中介效用检验

按照张伟豪（2014）、Edwards 和 Lambert（2007）的建议，本书采用信赖区间法（海耶斯，2021）进行中介效用的检验。在 AMOS 中，设置 bootstrap 样本数量为 5000，Bias-Corrected 和 Percentile 置信水平为

0.95（海耶斯，2021）。运行 AMOS 之后，中介模型的因果路径分析结果将反映各潜在变量与测度变量、外生因素和内生因素之间的回归与因子关系。各路径非标准化因子负荷量、标准误、临界比、p 值以及标准化后的因子负荷量的分析结果列入表 5-3。

表 5-3　伙伴相似性对横向物流协同中介效应路径系数摘要

路径	非标准化估计值				标准化估计值
	Estimate	S. E.	C. R.	p	Estimate
情感信任 ← HLC 价值创造	1.4250	0.3360	7.2210	***	0.9690
能力信任 ← HLC 价值创造	0.8440	0.2850	6.4610	***	0.9410
绩效提升 ← HLC 价值创造	0.5731	0.3090	6.0770	*	0.1630
绩效提升 ← 情感信任	0.4722	0.3530	6.9740	**	0.3320
绩效提升 ← 能力信任	0.5837	0.3450	9.9930	**	0.3190
资源共享 ← HLC 价值创造	1.0000	—	—	—	0.5500
仓储协同 ← HLC 价值创造	0.9960	0.1880	5.2910	***	0.4810
信息协同 ← HLC 价值创造	0.8810	0.2660	5.5720	***	0.5800
运输共享 ← HLC 价值创造	0.8540	0.2390	6.0770	***	0.5390
有效协同 ← 绩效提升	0.6040	0.0510	11.9470	***	0.7530
共用设备 ← 资源共享	1.0000	—	—	—	0.6490
共用作业人员 ← 资源共享	1.1510	0.1450	9.9930	***	0.8600
共用集装箱 ← 资源共享	1.1560	0.1240	9.3520	***	0.6680
共用仓库 ← 仓储协同	1.0000	—	—	—	0.7340
同行使用仓库 ← 仓储协同	1.0940	0.0950	11.5000	***	0.842
使用同行仓库 ← 仓储协同	0.9310	0.0860	10.8510	***	0.7130

续表

路径	非标准化估计值				标准化估计值
	Estimate	S. E.	C. R.	p	Estimate
同行拼车 ← 运输协同	1.000	—	—		0.916
帮助发送货物 ← 运输协同	0.927	0.045	20.519	***	0.877
委托发送零担 ← 运输协同	0.95	0.052	18.442	***	0.819
管理者共享信息 ← 信息共享	1.000	—	—		0.753
员工共享信息 ← 信息共享	0.942	0.115	8.215	***	0.806
文化开放性 ← 情感信任	1.000	—	—		0.831
相互理解 ← 情感信任	1.024	0.09	11.429	***	0.637
诚信行事 ← 情感信任	0.83	0.072	11.497	***	0.64
专业技术满意度 ← 能力信任	1.000	—	—		0.647
接受专业建议 ← 能力信任	1.356	0.102	13.339	***	0.895
期望与规则 ← 能力信任	1.288	0.1	12.856	***	0.85
实现预设目标 ← 有效协同	1.000	—	—		0.803
提升 CC 和 CA ← 有效协同	1.025	0.062	16.513	***	0.84
对绩效满意 ← 有效协同	1.092	0.059	18.386	***	0.91
其他收益 ← 有效协同	1.067	0.062	17.222	***	0.866
关系持续时间 ← 绩效提升	1.0000	—	—		0.857
协同成功率 ← 提升绩效	-0.686	0.045	-15.354	***	-0.781

注：*** 表示在 0.001 水平上显著，** 表示在 0.01 水平上显著，* 表示在水平上显著。

图 5-2 绘制的中介模型结构，展现了情感信任和能力信任对 LSP 进行横向物流协同产生的绩效提升作用的中介效应模型及其路径因果关系。比较图 4-5 的标准化主效应模型和图 5-2 中介模型中"HLC 价值

创造"影响"绩效提升"的标准化路径系数,从参数的变化可以清晰地看出加入中介变量"伙伴相似性"后,横向物流协同影响协同绩效的标准化直接路径系数 W1 从 0.832 降至 0.163。

利用信赖区间法(海耶斯,2021)检测中介变量的直接和间接效用,以此判断中介变量的强度是部分中介还是全部中介。在 AMOS 中,将 Bias – Corrected 和 Percentile 设置在 95% 的置信度上,得到非标准化参数的中介效应报告,结果见表 5 – 4。按照海耶斯(2021)的建议,当 Bias – Corrected 和 Percentile 的上下值之间不包含 0 时,表示效用显著。可以看出,加入情感信任与能力信任中介后,HLC 价值创造对绩效提升发挥的直接效用和间接效用都存在,而且都显著,因此可以说,情感信任和能力信任发挥了显著的部分中介作用(海耶斯,2021),强度分别为 0.673(1.425×0.472)和 0.493(0.844×0.584)。

表 5 – 4　　　　　　　　　　中介效应检验报告

效用	非标准化点估计值	Bootstrapping(95%)					显著性
		Bias – Corrected		Percentile			
		lower	upper	lower	upper		
HLC 价值创造→情感信任→绩效提升	总效用	1.246	0.615	1.000	0.580	1.033	显著
	直接效用	0.573	0.284	0.370	0.289	0.377	显著
	间接效用	0.673	0.176	0.401	0.386	0.698	显著
HLC 价值创造→能力信任→绩效提升	总效用	1.066	0.562	0.999	0.578	1.034	显著
	直接效用	0.573	0.265	0.375	0.266	0.376	显著
	间接效用	0.493	0.191	0.450	0.422	0.695	显著

从上述分析可以看出,"情感信任"和"能力信任"对"HLC 价值创造→绩效提升"都发挥显著的部分中介作用,假设 3 得到支持。因为

只涉及一因子中介，此处没有进行 MacKinnon（2009）建议的 Prodclin2 程序的检验。由于信赖区间相对于因果法（Boron 等，1986）和 Sobel test（Sobel，2008）更加严谨（海耶斯，2021），故不再采用因果法和 Sobel test 检验伙伴相似性的中介效应。

上述分析说明，在进行横向物流协同时，LSP 应该从情感和能力两个角度评估对合作伙伴的信任程度，并就此做出相应的承诺，即采取措施，如，本着诚实和信用的原则行事，以及制定明确的期望和规则实施合作。这与 Sheffi 等（2019）和 Cruijssen（2020）的研究结论具有一致性。但他们的研究仅限于基于经验的主观判断，没有从实证的视角验证其中介效用。

（二）样本数据质量测评

对信任与承诺的中介效应研究选用了正式调研中获取的 801 个选择进行过协同的企业的数据，对这些企业进行质量测评。描述性统计及皮尔逊相关系数汇总见表 5-5。

表 5-5　　样本的描述性统计及皮尔逊相关系数汇总

变量	均值	标准偏差	偏度	峰度	AVE	资源共享	信息共享	运输协同	仓储协同	有效协同	关系持续时间	协同成功率	情感信任	能力信任
资源共享	2.399	0.801	0.450	-0.368	0.601	**0.775**	—	—	—	—	—	—	—	—
信息共享	2.698	1.013	-0.227	-0.887	0.650	0.555**	**0.806**	—	—	—	—	—	—	—
运输协同	2.703	1.106	0.575	-0.661	0.860	0.490**	0.642**	**0.927**	—	—	—	—	—	—
仓储协同	3.528	0.947	-0.414	-0.321	0.770	0.521**	0.664**	0.586**	**0.877**	—	—	—	—	—
有效协同	3.794	0.724	-1.125	1.662	0.810	0.305**	0.388**	0.343**	0.365**	**0.900**	—	—	—	—
关系持续时间	3.447	1.035	0.463	-0.404	—	0.245**	0.429**	0.379**	0.403**	0.559**	—	—	—	—

续表

变量	均值	标准偏差	偏度	峰度	AVE	资源共享	信息共享	运输协同	仓储协同	有效协同	关系持续时间	协同成功率	情感信任	能力信任
协同成功率	4.212	1.548	−0.210	−0.009	—	0.302**	0.420**	0.371**	0.395**	0.549**	0.607**	—	—	—
情感信任	4.431	0.98571	−0.068	0.142	0.521	0.353**	0.449**	0.397**	0.422**	0.447**	0.518**	0.484**	**0.710**	—
能力信任	5.059	0.94070	−0.189	0.142	0.539	0.370**	0.471**	0.417**	0.443**	0.469**	0.493**	0.508**	0.643**	**0.734**

注：加粗数值是 AVE 的平方根，平方根下方为皮尔逊相关系数；** 表示在 0.01 水平（双侧）上显著相关；虽然绩效提升由三个一阶变量共同构成，但关系持续时间、协同成功率并非潜变量，故未列出其平均方差抽取量（AVE）。

可以看出，每个潜在变量 AVE 的平方根均大于它和其他潜在变量的相关系数，符合对区别效度的要求（吴明隆，2009）。同时，皮尔逊相关系数大多为 0.3—0.7（张伟豪等，2020），变量之间两两在 0.01 的水平上显著正相关。

对信任与承诺的各个变量进行信度检验，汇总入表 5-6。

表 5-6　　　主效应模型中各变量的信度分析结果汇总

构念	题项	题项—总体相关系数 CITC	删除该题项后的 Cronbach's α	Cronbach's α (0.7—0.9)
情感信任	文化开放性	0.868	0.779	0.737
	相互理解	0.620	0.746	
	诚信行事	0.612	0.801	
能力信任	专有技术满意度	0.689	0.771	0.776
	接受专业建议	0.775	0.725	
	期望与规则	0.736	0.660	

根据 Hair（2017）的建议，题项—总体相关系数应大于 0.5，Cronbach's α 在 0.7—0.9 为最优。本章用到的 801 个样本数据中，除了删除"期望与规则"后的 Cronbach's α 略低（0.660）外，其余全部符合要求。

第三节 "伙伴相似性"测量与中介作用检验

一 模型设计基础

不同学者用不同的名词解释合作伙伴的相似性（Raue 和 Wallenburg，2013）。一些学者从兼容视角称之为同质性（Rodrigues 和 Irina，2015；Wallenburg 和 Schäffler，2016），是指伙伴企业会构建类似的组织结构（Pangarkar 和 Klein，2001）和人力资源管理流程，应用相似的管理哲学和技术（Lambert 等，1999），进行类似的运作活动，使用相似的设施设备（Vanovermeire 等，2014），提供相似的服务（Rodrigues 和 Irina，2015）；或者用对称性来说明管理协同中能力的相似性（Saenz 等，2015）。

也有学者从互补视角进行说明，指向协同伙伴之间的能力差异和资源不对等。从资源依赖的视角看，拥有的资源和能力越不相同，互补性越强，合作伙伴相似性就越低，合作成功的可能性就会越大。互补性也可分为组织活动的互补性和资源的互补性（Milgrom，1995）或进一步细化为资源互补、文化互补和运作互补（Sarker 等，2012）。

对伙伴相似性的测量最常用的指标是能力、市场和文化相似性（Pangarkar 和 Klein，2001；Schmoltzi 等，2011；Raue 和 Wallenburg；2013；张晓燕等，2016）。能力相似性是指合作伙伴之间的业务活动和核心能力的重叠程度，包括营销、制造、采购、金融财务、管理等能力；市场相似性是指重叠的业务地理范围和客户组合；文化相似性包括企业的管理风格、企业文化、人力资源等（Adenso - Díaz 等，2014b；李琳，2014；Saenz 等，2015）。

二 "伙伴相似性"模型检验

本书参照 Saxton（1997）、Schmoltzi 等（2011）、Raue 和 Wallenburg（2013）对合作伙伴相似性的成熟量表，测量 LSP 在进行横向物流协同时对伙伴相似性的选择。如假设 4 所言，伙伴相似性在 HLC 价值创造和绩效提升之间发挥中介作用。

正式问卷中第 11 题考量了伙伴相似度，分为 13 个条目，分别是营销能力、服务能力、采购能力、金融实力、信息系统、组织结构、核心技术、客户组合（顾客类型）、企业文化、人力资源、管理能力、管理风格、服务网点，采取李克特七点计分法（1 = 完全不同，2、3、4 = 无所谓，5、6、7 = 完全相同）。利用探索性因子分析法（EFA）来评估伙伴所有相似性观察变量的一维性，然后用 Cronbach α 来考察其可靠性。EFA 识别出 10 个条目，采购能力、信息系统、人力资源 3 个条目因为因子贡献率过小被删除。其余 10 个条目对于它们旨在测量的潜在变量具有强负载（0.624 以上），同时因为因子旋转的相关系数最小值被设置为 0.40（张伟豪等，2020），确保了观测变量不对其他潜变量进行低负载测量。

采购能力、信息系统、人力资源三个观察变量的因子贡献率过低的原因在于三方面。第一，原量表的使用者除了对 LSP 进行调研，还对共同合作接受物流服务的其他企业进行调研，因此，采购能力表现出较强的相似性；而本书的调研对象对设施设备的采购基本单独进行，共同的采购较少。第二，调研对象多为小微型 LSP，调研时虽然已经受到大数据技术发展的影响，物流经济平台也在陆续建立，但平台的运作效果尚未显现。特别是地处西部的 LSP，智慧物流系统建设水平较低，信息时效性差。因此，大多数企业会利用园区内非正式沟通渠道（多见于由各个企业自发建立的微信群、信息发布平台）进行信息发布和回收，一些调研对象并不具有信息系统，更谈不上相似性或者互补性。第三，调研对象认为愿意进行协同表明企业是开放的，拥有求同存异的思想和大局意识，因此，企业文化的因子贡献率较高；但由于企业多为小微型，员工人数较少，受教育水平偏低，调研对象认为从业人员是否相似不是他们考察合作伙伴的因素。研究在删去了这三个条目后，利用 AMOS 对剩余的 10 个条目分别进行了零模型、一因子模型、二因子无关模型（F1 = 营销能力 + 服务能力 + 金融实力 + 管理能力；F2 = 剩余观察变量），二因子相关模型、三因子无关模型（F1 = 营销能力 + 服务能力 + 金融实力 + 管理能力；F2 = 组织结构 + 企业文化 + 管理风格；F3 = 客户组合 + 服务网点 + 核心技术）、三因子相关模型、二阶三因子模型分析与比较，模型适配度分析结果见表 5 - 7。

表 5 - 7　"伙伴相似性"测量模型验证性因子适配指标汇总

测量模型	卡方值	自由度	χ^2/df	GFI	AGFI	CFI	RMSEA
零模型	1058.726	63	16.805	0.514	0.432	0.761	0.501
一阶一因子模型	734.736	57	12.890	0.675	0.488	0.724	0.421
一阶二因子无关模型	571.339	45	12.696	—	0.578	0.854	0.336
一阶二因子相关模型	437.567	45	9.724	0.772	0.783	0.889	0.456
一阶三因子无关模型	334.156	39	8.568	0.899	0.835	0.912	0.244
一阶三因子相关模型	109.886	39	2.818	0.912	0.933	0.946	0.076
二阶三因子模型	89.444	30	2.981	0.948	0.923	0.965	0.067

(一) 一阶模型检验

从表5-7可见,一阶三因子模型和二阶三因子模型适配度全部达到标准,模型适配度良好,模型与数据较为匹配。

1. 一阶模型测量变量聚敛效度检验

利用伙伴相似性的三个潜在变量观察变量的因素负荷量计算潜在变量的组合信度和平均方差抽取量,汇入表5-8。可以看出,三个构念的组合信度均处于良好水平,表明潜在变量内部测量指标之间的关联性很大,指标的同构性很好。同时,三个潜在变量的平均方差抽取量均大于0.50,表明潜在变量聚合效度好。总体而言,伙伴相似性一阶模型内在结构的适配度良好,结构合理,指标的同构性好。

表5-8 伙伴相似性一阶模型三个潜在变量的组合信度和平均方差抽取量

潜在变量	观察变量	因素负荷量	组合信度(CR)	平均方差抽取量(AVE)
能力相似性	管理能力	0.826	0.808	0.515
	金融实力	0.690		
	服务能力	0.688		
	营销能力	0.653		
文化相似性	管理风格	0.842	0.763	0.528
	组织结构	0.514		
	企业文化	0.783		
市场相似性	客户组合	0.860	0.798	0.577
	服务网点	0.829		
	核心技术	0.551		

2. 一阶模型测量变量区分效度检验

利用 AVE 平方根判断法来判断模型的区分效度,见表 5-9。

表 5-9　伙伴相似性潜在变量皮尔逊相关系数和 AVE 平方根值

潜在变量	AVE	能力相似性	文化相似性	市场相似性
能力相似性	0.515	0.718	—	—
文化相似性	0.528	0.646	0.727	—
市场相似性	0.577	0.543	0.635	0.760

三个构念的标准化相关系数分别是 0.65、0.54、0.64,均小于各自 AVE 的平方根,潜在变量之间的区分效度较佳。同时,一阶模型中三个潜在变量之间的相互关系处于中等关联水平,因此认为三个潜在变量之间可能存在一个更高阶的共同因素,可以建立二阶模型。

(二) 二阶模型检验

根据表 5-7,二阶三因子相关模型适配度全部达到标准,它简化了一阶模型,符合二阶验证性因素分析的基本原则。根据已有研究,"能力相似性""文化相似性"和"市场相似性"被共同命名为"伙伴相似性",因子负荷量分别是 0.575、0.757 和 0.757。经过计算,"伙伴相似性"的 CR 和 AVE 分别是 0.741 和 0.502,均处于可接受水平,可认为模型具有聚敛效度。

三　伙伴相似性的中介效应研究

如假设 4,本书认为,伙伴相似性在 HLC 价值创造和绩效提升之间发挥着中介效用,由"能力相似性""文化相似性"和"市场相似性"三个构念组成。

(一) 中介模型的适配度检验

将所有观察变量的数据代入中介模型后，进行运算，得到"HLC 价值创造→伙伴相似性→绩效提升"中介模型的标准化参数结果，如图 5-3 所示。

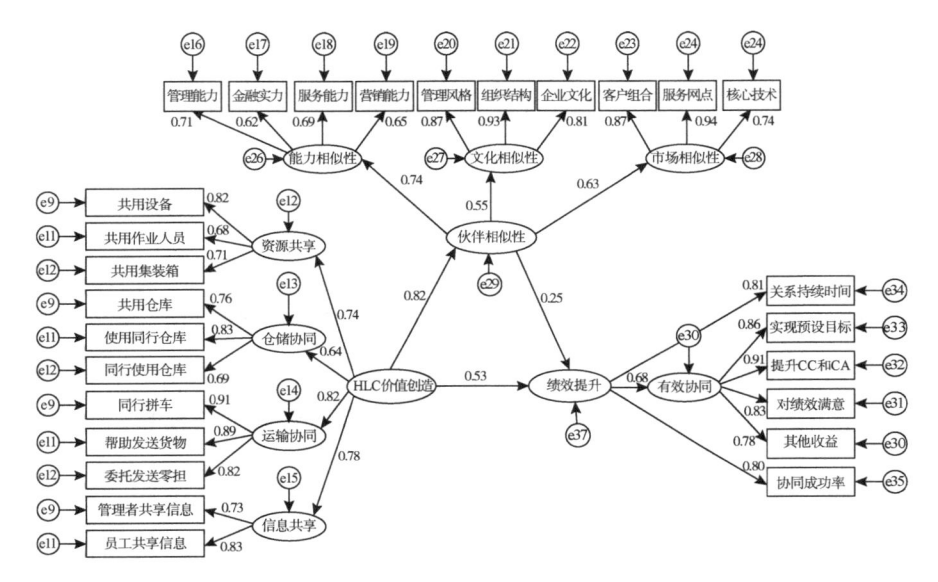

CHISQEARE=628.341；DF=314；CMIN/DF=2.001；RMSEA=0.058；
GFI=0.917，AGF=0.905；TLI=0.923；CFI=0.931

图 5-3 标准化中介模型

"HLC 价值创造→伙伴相似性→绩效提升"中介关系模型的各个基本适配值指数均符合良好的要求，说明中介模型与数据之间的拟合程度较好，可用于进行因果路径分析。

(二) 伙伴相似性的中介效用检验

采用信赖区间法（海耶斯，2021）进行伙伴相似性中介效用的检验，各路径非标准化因子负荷量、标准误、临界比、p 值以及标准化后的因子负荷量的分析结果列入表 5-10。

表 5-10　伙伴相似性对 HLC 价值创造中介效应路径系数摘要

路径	非标准化估计值				标准化估计值
	Estimate	S. E.	C. R.	p	Estimate
伙伴相似性 ← HLC 价值创造	0.762	0.109	7.003	***	0.815
绩效提升 ← 伙伴相似性	0.414	0.154	2.683	**	0.245
绩效提升 ← HLC 价值创造	0.837	0.074	11.338	***	0.531
资源共享 ← HLC 价值创造	1.000	—	—	—	0.739
仓储协同 ← HLC 价值创造	0.745	0.097	7.652	***	0.637
运输协同 ← HLC 价值创造	1.173	0.119	9.881	***	0.82
信息共享 ← HLC 价值创造	1.042	0.129	8.097	***	0.781
能力相似性 ← 伙伴相似性	1.000	—	—	—	0.737
文化相似性 ← 伙伴相似性	1.204	0.191	6.286	***	0.547
市场相似性 ← 伙伴相似性	1.163	0.173	6.731	***	0.626
有效协同 ← 绩效提升	0.619	0.064	9.607	***	0.675
同行使用仓库 ← 仓储协同	0.837	0.074	11.338	***	0.691
同行拼车 ← 运输协同	1.000	—	—	—	0.906
帮助发送货物 ← 运输协同	0.947	0.045	21.268	***	0.886
委托发送零担 ← 运输协同	0.963	0.052	18.626	***	0.821
管理者共享信息 ← 信息共享	1.000	—	—	—	0.735
员工共享信息 ← 信息共享	0.990	0.094	10.494	***	0.827
共用设备 ← 资源共享	1.000	—	—	—	0.825
共用作业人员 ← 资源共享	0.854	0.078	10.954	***	0.681
共用集装箱 ← 资源共享	0.812	0.071	11.362	***	0.710

续表

路径	非标准化估计值				标准化估计值
	Estimate	S. E.	C. R.	p	Estimate
共用仓库 ← 仓储协同	1.000	—	—	—	0.761
使用同行仓库 ← 仓储协同	1.024	0.084	12.234	***	0.830
金融实力 ← 能力相似性	1.000	—	—	—	0.705
管理能力 ← 能力相似性	1.015	0.115	8.850	***	0.620
营销能力 ← 能力相似性	1.065	0.111	9.638	***	0.693
服务能力 ← 能力相似性	0.936	0.102	9.139	***	0.645
管理风格 ← 文化相似性	1.000	—	—	—	0.874
组织结构 ← 文化相似性	1.095	0.052	21.108	***	0.934
企业文化 ← 文化相似性	0.934	0.053	17.595	***	0.810
客户组合 ← 市场相似性	1.000	—	—	—	0.865
服务网点 ← 市场相似性	1.121	0.062	18.124	***	0.906
核心技术 ← 市场相似性	0.864	0.059	14.610	***	0.742
实现预设目标 ← 有效协同	0.958	0.054	17.621	***	0.827
提升 CC 和 CA ← 有效协同	0.928	0.058	16.129	***	0.906
对绩效满意 ← 有效协同	1.000	—	—	—	−0.799
其他收益 ← 有效协同	−0.809	0.062	−12.964	***	0.811
关系持续时间 ← 绩效提升	0.762	0.109	7.003	***	0.815
协同失败率 ← 提升绩效	0.414	0.154	2.683	0.007	0.245

注：*** 表示在 0.001 水平上显著，** 表示在 0.01 水平上显著。

图 5-3 绘制的标准化中介模型结构，展现了伙伴相似性对 LSP 进行横向物流协同带来的绩效提升作用的中介效应模型及其路径因果关系。比较图 4-5 的标准化路径系数，从参数的变化可以清晰地看出加入中介变量"伙伴相似性"后，HLC 价值创造带来绩效提升的标准化直接路径系数 W1 从 0.832 降至 0.531。

同样，利用信赖区间法检测中介变量的直接和间接效用，以此判断中介变量的强度，是部分中介还是全部中介。在 AMOS 中，将 Bias – Corrected 和 Percentile 设置在 95% 的置信度上，得到非标准化参数的中介效应报告，结果见表 5-11。

表 5-11　　　　　　　　　中介效应检验报告

效用 HLC→伙伴 相似性→ 绩效提升	非标准化 点估计值	S.E.	Z	Bootstrapping (95%)				显著性
^	^	^	^	Bias – Corrected		Percentile		^
^	^	^	^	lower	upper	lower	upper	^
总效用	1.153	0.170	6.780	0.815	1.487	0.811	1.484	显著
直接效用	0.837	0.090	9.300	0.684	1.023	0.696	1.044	显著
间接效用	0.316	0.179	1.970	0.159	0.643	0.157	0.645	显著

注：按照海耶斯（2021）的建议，中介效应的比较要使用非标准化点估计值，Z 值大于 1.96，也证明中介显著。

可以看出，加入伙伴相似性中介后，HLC 价值创造对绩效提升发挥的直接效用和间接效用都存在，且显著。因此可以说，伙伴相似性发挥了显著的部分中介的作用，强度系数为 0.316。

上述分析说明，在进行横向物流协同时，企业可以考虑选择与自己能力、文化或者市场方面相似的伙伴进行合作，这与 Pangarkar（2009）和 Zacharia 等（2009）对供应链上企业进行纵向物流协同的研究是一致的。他们认为，在供应链伙伴之间进行纵向物流协同时，应该通过选择与自己具有相似性的伙伴来提升系统绩效，并预测在横向物流协同中也该如此。

　　实证研究结果与 Ruae 等（2013）、Schmoltzi 等（2013）、Rodrigues 和 Irina（2015）、Wallenburg 和 Schäffler（2016）、Ouhader 和 Kyal（2017）、Sheffi 等（2019）学者进行的横向物流协同研究的结果相似，他们认为在横向物流协同中，伙伴双方之间的相似程度特别重要。LSP 之间的相似性通过横向合作中两个相对的力量（竞争和合作）的强度，影响机会主义和企业之间的协调（Ruae 等，2013）。一次成功的协同，需要在某些维度上具有相似特性的合作伙伴的共同努力（Schmoltzi 等，2011）。但上述研究仅限于进行横向物流协同和伙伴相似性的研究，或者伙伴相似性对绩效提升的研究，没有将伙伴相似性作为中介变量来分析其效用。

　　安索夫（2010）认为，协同关系会带来协同效应，即整体回报大于个体之和。这个结果是由生产设备等有形物理资源，以及技术专长、客户知识和公司文化等无形资源共同作用而产生的（Yilmaz 和 Cemberci，2016）。相似的伙伴在 HLC 中可以共同分享各类有形资源，如设施和设备等。交易成本经济学认为，这种共用可以为资产持有一方提供一系列资金，也可以帮助另一方缓解财务压力，降低金融风险（Ruae 等，2013）。同时，企业可以借助相似性伙伴的知识和管理能力降低自身的运作成本；借助伙伴的市场能力实现对新市场的渗透，而不需要花费过多的营销成本；合作伙伴之间的合作可以产生新的服务理念，分享资源的公司可以创造共同的竞争优势（Yilmaz 和 Cemberci，2016），为企业带来灵活性、效率、竞争优势并降低风险。

（三）样本数据质量测评

　　本章选用了正式调研中获取的进行过横向物流协同的 801 个样本数据进行实证研究，描述性统计及皮尔逊相关系数汇总见表 5-12。

表 5-12　　样本的描述性统计及皮尔逊相关系数汇总

变量	均值	标准偏差	偏度	峰度	AVE	资源共享	信息共享	运输协同	仓储协同	有效协同	关系持续时间	协同成功率	文化相似性	市场相似性	能力相似性
资源共享	2.399	0.801	0.450	-0.368	0.601	**0.775**	—	—	—	—	—	—	—	—	—
信息共享	2.698	1.013	-0.227	-0.887	0.650	0.522**	**0.806**	—	—	—	—	—	—	—	—
运输协同	2.703	1.106	0.575	-0.661	0.860	0.471**	0.606**	**0.927**	—	—	—	—	—	—	—
仓储协同	3.528	0.947	-0.414	-0.321	0.770	0.498**	0.640**	0.577**	**0.877**	—	—	—	—	—	—
有效协同	3.794	0.724	-1.125	1.662	0.810	0.314**	0.484**	0.365**	0.386**	**0.900**	—	—	—	—	—
关系持续时间	3.447	1.035	0.463	-0.404	—	0.378**	0.479**	0.438**	0.463**	0.548**	—	—	—	—	—
协同成功率	4.212	1.548	-0.210	-0.009	—	0.372**	0.312**	0.432**	0.457**	0.541**	0.648**	—	—	—	—
文化相似性	3.724	1.429	-0.040	-0.738	0.515	0.284**	0.366**	0.329**	0.348**	0.251**	0.301**	0.297**	**0.718**	—	—
市场相似性	4.345	1.208	-0.217	-0.009	0.539	0.325**	0.418**	0.377**	0.399**	0.287**	0.344**	0.339**	0.342**	**0.734**	—
能力相似性	4.741	0.957	-0.390	0.279	0.510	0.383**	0.493**	0.444**	0.469**	0.338**	0.405**	0.401**	0.403**	0.461**	**0.714**

注：加粗数值是 AVE 的平方根，平方根下方为皮尔逊相关系数；** 表示在 0.01 水平（双侧）上显著相关；虽然绩效提升由三个一阶变量共同构成，但关系持续时间、协同失败率并非潜在变量，故未列出其平均方差抽取量（AVE）。

表 5-12 中，皮尔逊系数大多为 0.3—0.7（张伟豪等，2020），变量之间两两在 0.01 的水平上显著正相关。每个潜在变量 AVE 的平方根均大于它和其他潜在变量的相关系数，符合对区别效度的要求。

对主效应涉及的各个变量进行信度检验，汇总入表 5-13。

表 5-13　　伙伴相似性各变量的信度分析结果汇总

构念	题项	题项—总体相关系数 CITC	删除该题项后的 Cronbach's α	Cronbach's α (0.7—0.9)
文化相似性	组织结构	0.852	0.827	0.875
	企业文化	0.767	0.869	
	管理风格	0.813	0.861	

续表

构念	题项	题项—总体相关系数 CITC	删除该题项后的 Cronbach's α	Cronbach's α (0.7—0.9)
市场相似性	客户组合	0.776	0.807	0.874
	服务网点	0.809	0.775	
	核心技术	0.695	0.878	
能力相似性	管理能力	0.615	0.671	0.785
	金融实力	0.517	0.725	
	服务能力	0.566	0.695	
	营销能力	0.531	0.714	
伙伴相似性	文化相似性	0.614	0.680	0.687
	市场相似性	0.627	0.739	
	能力相似性	0.578	0.729	

根据 Hair（2017）的建议，题项—总体相关系数应大于 0.5，Cronbach's α 在 0.7—0.9 为最优。本章用到的 801 个样本数据中，除了个别题项被删除后的 Cronbach's α 略低外，其余全部符合要求。

小　结

本章建立并利用 801 个进行过横向物流协同的 LSP 调研数据检验了"信任与承诺"和"伙伴相似性"在"HLC 价值创造→绩效提升"主效应中发挥中介作用的模型。

"信任与承诺"中，信任是合伙人认为彼此可信的程度，承诺是企业做出的保持与协同伙伴的关系的保证。"信任与承诺"由"情感信任"和"能力信任"两个维度构成，两者分别指向由企业对伙伴的主观认识所产生的理解尊重和行事保证,以及基于伙伴拥有的客观能力而产生的信赖和关系规则。

伙伴相似性可以区分为"能力相似性""文化相似性"和"市场相似性"三个维度。三者分别代表合作伙伴之间的业务活动和核心能力的重叠程度,企业文化和运营管理风格的相似性,以及分销网络之间的共同性和重叠性。

本章构建的中介模型的运算结果表明:"信任与承诺"和"伙伴相似性"对"HLC价值创造→绩效提升"发挥显著的部分中介作用。这也暗示我们,中国企业在进行HLC时,想要进一步提升绩效,应该考虑从情感和能力视角上评估伙伴的可信赖程度,并做出关系履行保障;同时,可以选择与自己在能力、文化和市场等方面相似而非互补的企业。

第六章　横向物流协同的联合价值主张
——基于扎根理论

企业的动机会影响企业的行为，LSP 会出于不同的动机进行横向物流协同，他们的协同动机被学者们称为联合价值主张。对中国 LSP 进行的实证研究表明，横向物流协同的关系治理机制对 HLC 价值创造与绩效提升的关系产生明显的中介作用，但是这种中介关系是否会受到企业进行协同的联合价值主张的影响呢？本书第六章、第七章，将针对这个问题展开研究，第六章主要通过扎根研究获得联合价值主张模型，第七章进行实证检验。

如前所述，学者目前对企业进行横向物流协同动机的研究主要集中于国外，在中国情境下的研究较为少见。鉴于此，本书通过对获取的四川、陕西、重庆、甘肃、青海、宁夏 6 个省份的 41 名与 LSP 关系密切的政府官员、管理者、学者和物流顾问的深度访谈资料进行扎根研究，总结出 LSP 进行横向物流协同的联合价值主张，为推动物流企业之间的高效协同提出政策建议奠定理论基础，也为下一步的实证研究奠定指标基础。

第一节 扎根理论方法

扎根理论（Grounded Theory，GT）是质性研究的方法之一，目的是建立一个关于研究过程的理论解释（Charmaz，2008），通过认识、分类和将重要的个体与组织变量联系起来以实现系统与个体整合（Wesley 和 Randall，2012），适用于研究社会组织及其内部结构和外部关系（Mello 和 Flint，2009），尤其对于解释供应链成员之间协同关系的成功，组织间信息的分享，协同文化的建立，企业之间技术、金融和人力资源的差异处理等问题十分有效（Wesley 和 Randall，2012）。因此，目前，GT 已被较多地应用于物流和供应链管理研究的领域（Zhang 等，2023）。

GT 可以根据时间顺序构建垂直或水平模式的理论（王璐和高鹏，2010）。当需要按时间顺序回顾已经发生的事件并显示因果关系时，研究人员需要"构建纵向理论"。当不需要考虑时间序列，只需要根据现象提出理论概念，并从实践中挖掘概念的内涵和外延时，就需要"构建横向理论"。在本书中，抽样访谈的数据分析和编码是相对客观的，可以同时进行。然而，理论框架的构建和解释是主观的，需要遵循一定的时间和逻辑顺序。考虑到现实情况，本章将横向构建理论框架，纵向进行理论解释，如图 6-1 所示。

构建 GT 的过程中有三个非常重要的因素："认知过程"（Cognitive Process）、"连续比较"（Constant Comparison）和"编码"（Coding）。"认知过程"通过对数据进行初步分析，提炼出基础概念，从数据中形成构念（Corbin 和 Strauss，2008）。"持续比较"旨在找出理论上的相似性和参与者个人看法之间的差异，关键是进行"理论抽样"，以获取丰富的调查样本，这些样本是最终支持归纳理论发展的构念的类别和属性的数据。"编码"是逐步构建理论的过程，GT 的三个不同流派对编码过

中国横向物流协同研究

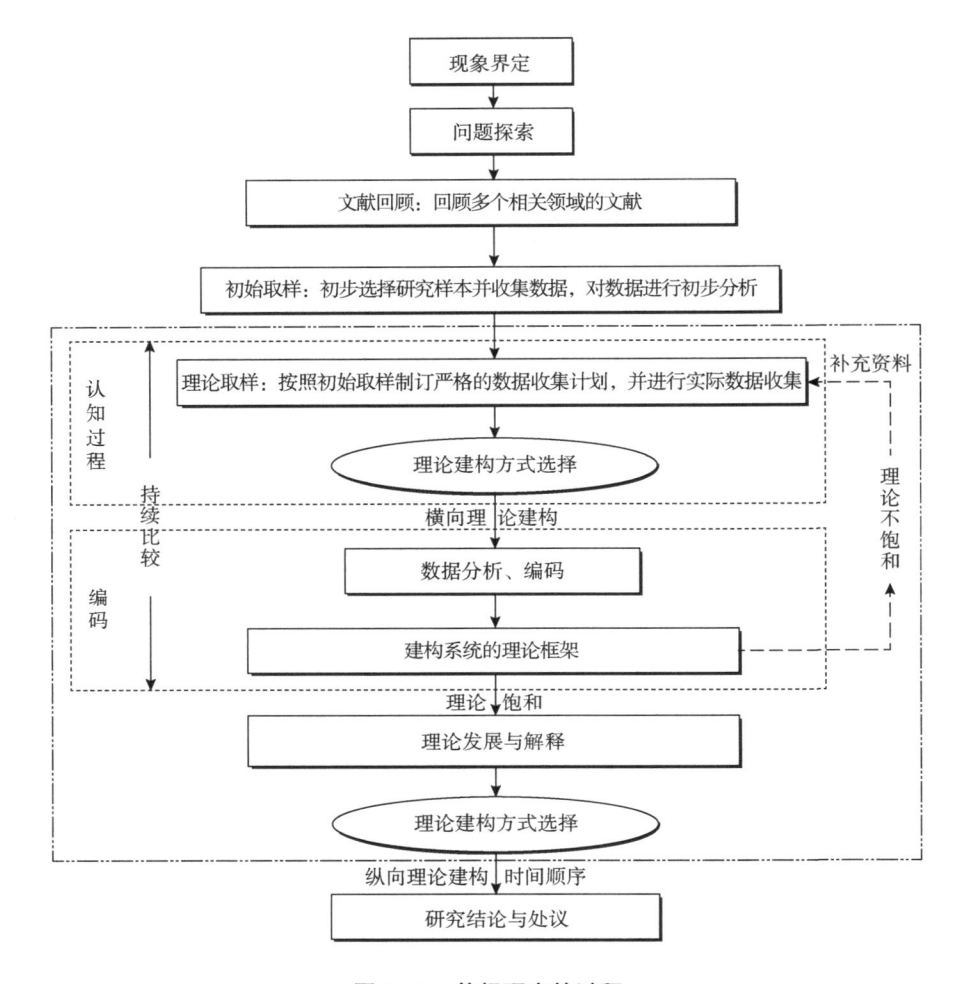

```
                    现象界定
                      ↓
                    问题探索
                      ↓
           文献回顾：回顾多个相关领域的文献
                      ↓
      初始取样：初步选择研究样本并收集数据，对数据进行初步分析
                      ↓
   理论取样：按照初始取样制订严格的数据收集计划，并进行实际数据收集  ← 补充资料
                      ↓
                 理论建构方式选择
                      ↓ 横向理论建构
                  数据分析、编码
                      ↓
                 建构系统的理论框架
                      ↓ 理论饱和
                  理论发展与解释
                      ↓
                 理论建构方式选择
                      ↓ 纵向理论建构 时间顺序
                  研究结论与处议
```

（左侧：认知过程、持续比较、编码；右侧：理论不饱和）

图 6-1　扎根研究的过程

程持有不同的看法，其中以 Strauss 为代表的程序化 GT 的操作性最强，使用最广泛，本书将使用这一方法。

　　程序化扎根对理论的构建分为开放编码、主轴编码和选择性编码三个阶段。开放编码是一级编码，它将原始资料打散，对数据进行彻底解读和理解后，再重新组合。目的是对研究的现象进行概念命名，并通过一定的属性和维度将概念进行类属化，形成范畴。主轴编码是二级编码，是发现和建立范畴之间的相互联系的过程，它围绕某些"轴心"概念寻找分类之间的联系，并建立主从关系。选择性编码是三级编码，它系统分析解释其他分类与"核心"概念类属之间的关系，目的在于整合并精炼理论。

第二节 数据收集

GT 有广泛的数据来源，如实地调查、观察、访谈、讨论、会议记录等，能够通过对数据的深入分析逐渐形成理论框架。本章以深度访谈为主要数据，辅以其他材料进行分析和理论构建。

一 初步抽样

初步抽样用于选择样本。作者首先掌握了中国西部甘肃、青海、四川、重庆、宁夏和陕西的代表性 LSP，它们大多聚集在当地的物流枢纽、园区、中心，然后，通过各地区物流协会或学会联络了解和熟悉这些物流集群的官员、企业家、教授和专家，经过面谈、邮件联系、微信联系或电话联系后，最终确定了 41 名受访者。

二 数据收集

鉴于访谈法具有明确的指向性，可以获得更加丰富的资料，且操作灵活，互动性强，有利于深入探索问题等优点，作者采用两阶段访谈的方式收集数据。第一阶段为非正式访谈。仅针对个别企业（主要在甘肃省）的负责人进行 30—50 分钟的半结构化访谈，以初步测试效果并修改访谈提纲。第二阶段为正式访谈。根据修订后的提纲进行，每位访谈者的面试时间不少于 60 分钟。对于不同的受访者，访谈内容（问题的重点）不尽相同，但所有的提纲都可以分为三部分。一是受访者的一般信息，有助于了解其职业信息（职位、职责、工作年限、物流工作经验），特别是他们对行业和企业的熟悉程度；二是受访者所在地区物流业发展和物流集群的基本情况，特别是 LSP 的规模和主要业务；三是 LSP 进行横向物流协同的基本情况，例如合作伙伴的标准、合作内容、约束机制、效果、方法和模式等，重点考察了企业之间进行 HLC 的意愿和原因。在对所收集资料进行初步整理和分析之后，针对访谈中存在的表述不清或模棱两可的内容，笔者又利用电子邮件、电话等方式与部分被访谈者进行沟通，直至完全理解被访谈者表述的含义，以确保研究者对访谈资料能够准确理解和把握。

三 理论抽样

基于研究目的，考虑到访谈样本的权威性、代表性和全面性，访谈对象被确定为政府官员、物流园区管委会负责人、企业家、学者和物流顾问。其中 4 名政府官员，占 9.7%；10 名物流园区管委会负责人，占 24.4%；16 名物流企业负责人，占 39.1%；7 名长期从事物流合作研究的大学教授和学者，占 17.1%；4 名物流顾问，占 9.7%。访谈所涉及的 LSP 中，国有企业占 5%，其余均为私营企业。25% 的 LSP 提供生产资料服务，50% 的 LSP 提供生活资料，其余的同时提供这两种资料，包括药品、食品、建材、煤炭等，运输方式包括航空运输、铁路运输、公路运输、水运，所有 LSP 都提供多种物流服务，但大多数提供公路运输和仓储服务。数据收集是一个迭代过程，收集了近 60 万字的资料。

第三节　横向物流协同的联合价值主张模型

横向物流协同的联合价值主张是推动 LSP 进行协同的深层动机。因为深度访谈以半结构化方式进行，内容并不集中，被访谈者关于联合价值主张的表述被分散在访谈的不同位置。研究借助 3 人编码小组整理访谈资料。出于理论饱和的需要，随机选择 34 个访谈数据进行编码分析，7 个数据进行饱和测试。小组利用 NVivo 13 软件对资料进行同步编码，利用备忘录和不断的比较力图使编码更加客观准确。

一 联合价值主张编码

（一）开放编码

开放编码是整理资料的过程。为了避免编码人员受到已有观念的影响，客观分析访谈资料，小组使用了"逐段—逐句"的两分式编码方式处理资料。关于联合价值主张的表述散见于深度访谈各个部分，逐段编码可以准确定位，锁定相关资料。

锁定的数据是逐句编码的。小组成员删除了表述不完整、不清楚的内容，并将每一句有实际意义的话确定为一个重要现象（NVivo 中的参考点，以 I_x 标记，x 以 1 开头）。然后，编码小组利用原生编码原则（即从原始数据中引用词汇，而非研究人员主观创造）简化现象的表述并澄清顺序关系，形成初步概念（II_y，y 以 1 开头，按顺序进行，但重复时保持现有数字）。接着，小组将相互关联的初步概念进行归类合并，并命名（NVivo 中的自由节点，III_z）。最后，将概念整合为范畴（NVivo 中的树节点，C_m）。逐句编码一方面帮助剔除资料中无用的信息，识别出与联合价值主张相关的内容，便于后期进行跟踪访谈；另一方面可以发现细微之处，不致遗漏重要信息。更加重要的是，逐句编码清晰地反映了不同编码人员的思路和想法，与备忘录相结合，有助于团队编码比较顺利地进行。表 6-1 是开放式编码过程的示例。

表6-1　　横向物流协同联合价值主张的开放编码（部分）

访谈资料（现象I_x，参考点）	初步概念（II_y）	概念命名（III_z，自有节点）	范畴（C_m，树节点）
集散中心的装卸人员分为两类I_1。一类是每家企业固定的专有工作人员I_2，这些人并不一定是这些企业的签约员工I_3，但长期为这些企业服务I_4，在个别情况下I_5，得到企业的许可I_6，也会为周边的邻居企业进行装卸活动I_7；另一类是集中在集散中心进行临时工作的装卸人员I_8，他们并不固定地为某一家企业服务I_9，而是会在某一些企业进行临时性的大业务量活动时为其提供装卸服务I_{10}。这些人员的流动性较大I_{11}，数量不固定I_{12}，集散中心为他们提供了一个专门的聚集场所I_{13}。当配送企业某一次的业务量极大或者作业时间紧张I_{14}，而自己的固定工作人员不能够完全完成时I_{15}，企业就会来到这些聚集场所寻找临时工作人员进行装卸活动I_{16}，其费用现场结清I_{17}。因为集散中心的运作时间较长I_{18}，所以已经形成了一个固定的临时用工市场I_{19}	两类装卸人员II_1；专有人员II_2；非签约员工II_3；长期服务II_4；个别情况II_5；经许可II_6；为邻居企业服务II_7；临时人员II_8；不固定服务II_9；临时性工作II_{10}；流动性大II_{11}；专门场所II_{12}；应急作业II_{13}；固定人员不能完成II_{14}；临时性工作II_{10}；费用现结II_{15}；中心运作时间长II_{16}；市场固定II_{17}	专有人员III_1；日常服务III_2；个别情况为邻居企业服务III_3；临时人员III_4；临时性工作III_5；应急作业III_6；专门场所III_7	专有人员日常工作C_1；专有人员临时对外服务C_2；临时人员的临时工作C_3；临时人员的应急作业C_4

在节选的代表性访谈数据的开放编码中，共识别出19种现象，归纳为17个初步概念，命名为7个概念，编码为4类。出于理论饱和的需要，在41个访谈数据中选择了34个进行编码分析，NVivo中共总结出9804个参考点和1658个自由节点。为了提高可靠性，本书只保留了出现5次以上的概念，而排除了其他概念。最后，得到193个概念，这些概念被归纳为52个类别。

（二）主轴编码

主轴编码（标示符为 Z_i）将看似割裂分散的范畴（标示符为 C_m）整合，形成主范畴（标示符为 Z_{ij}），是一个主观性较强的过程。整合过程是对范畴的进一步提炼，既可以按照维度、性质等建立范畴之间的联系（范轶琳等，2012；孙志忠和张晓燕，2014），也可以按照"条件→行动/互动策略→结果"模型表明范畴的内在关系和潜在联系（Zhang 等，2023），其重点在于通过分析，发现和建立各个范畴之间的主从关系。通过解析，将它们进一步整合形成二级编码（即主轴编码）。

编码小组在第一步中提炼出 52 个类别，根据"条件→行动/互动策略→结果"模型进行逻辑分析，将它们进行归纳，形成 16 个关系类别，按照它们之间的内在逻辑和关系，总结为四个主轴代码：服务（Z_1）、市场（Z_2）、成本（Z_3）和应急（Z_4），从不同角度解释横向物流协同的联合价值主张。模型中，"条件"是主范畴发生的情景或原因，"行动/互动策略"是针对该情景所采取的管理手段和处理策略，"结果"是策略执行带来的效果。主轴编码见表 6-2。

表 6-2　　　　　　　　　　主轴编码过程

主范畴 主轴编码（Z_i）	条件	⇨ 行动/互动策略 ⇨	结果
服务 Z_1	提升服务质量（Z_{11}）： 速度 C_1； 时效 C_2； 客户需求 C_4； 订单完成率 C_{29}	提高专业化水平（Z_{12}）： 专线运输 C_6； 高效冷链服务 C_{22}； 专业信息平台 C_{30}； 专门技术团队 C_{32} 获取新资讯（Z_{13}）： 交流理念与经验 C_{11}； 获取新鲜资讯 C_{12}； 转变一把手观念 C_{17}	提高创新能力（Z_{14}）： 新型技术开发 C_{23}； 创新能力的提升 C_{31}

续表

主范畴 主轴编码(Z_1)	条件	⇨ 行动/互动策略 ⇨	结果
市场 Z_2	缓解竞争(Z_{21})： 缓和竞争C_{52}； 多赢C_{15}； 信息透明C_{16}； 杜绝恶意压价C_{51}； 资源共享C_8	提高竞标实力(Z_{22})： 提高竞争力C_9； 合作竞标C_{39}； 共同谈判C_{41} 接近新市场(Z_{23})： 市场变化C_{13}； 开拓新市场C_{50}； 开辟新线路C_{38}	提高市场占有率(Z_{24})： 提升销售C_{33}； 地域延伸C_{25}； 扩大营销网络C_{42}
成本 Z_3	降低运作成本(Z_{31})： 降低运输成本C_5； 降低采购成本C_{40}； 整合货物运输C_{44}； 降低仓储量C_{27}	降低非核心费用(Z_{32})： 降低非核心业务成本C_7； 业务外包C_{26}； 降低车辆维护成本C_{47}； 降低设备启动成本C_{43} 减少资源浪费(Z_{33})： 抵消固定资产折旧C_{35}； 提高闲置资源利用率C_{45}； 减少国有资产浪费C_{36} 降低人力资源成本(Z_{34})： 专有人员临时对外服务C_{19}； 专有人员日常工作C_{18}； 发挥人力资源优势C_{34}； 临时人员临时工作C_{20}	获取资金(Z_{35})： 提高公司收益C_{10}； 盘活资产C_{37}； 自有设备对外运输C_{46}； 扩大利益空间C_{28}
应急 Z_4	处理应急事件(Z_{41})： 政策影响C_{14}； 紧急订单C_{48}	完成应急作业(Z_{42})： 临时人员的应急作业C_{21}； 紧急应对措施C_{49}	提升应急反应能力(Z_{43})： 灵活的公空联运C_3； 灵活的配送服务C_{24}

根据表6-2，鉴于研究形成的范畴较多，编码小组将52个范畴进行归类分析，形成了提升服务质量（Z_{11}）、提高专业化水平（Z_{12}）、获

取新资讯（Z_{13}）、提高创新能力（Z_{14}）、缓解竞争（Z_{21}）、提高竞标实力（Z_{22}）、接近新市场（Z_{23}）、提高市场占有率（Z_{24}）、降低运作成本（Z_{31}）、降低非核心费用（Z_{32}）、减少资源浪费（Z_{33}）、降低人力资源成本（Z_{34}）、获取资金（Z_{35}）、处理应急事件（Z_{41}）、完成应急作业（Z_{42}）、提升应急反应能力（Z_{43}）共 16 个关系类别，用于说明范畴之间的内在联系和共同点；再利用模型，创建了服务（LSP 对客户的承诺）、市场（LSP 对股东的承诺）、成本（LSP 内部运营水平的体现）、应急（企业的学习与成长能力的体现）四个主轴编码，分别从不同方面表示企业进行 HLC 的联合价值主张。

（三）选择性编码

选择性编码旨在识别"核心"范畴，探索核心与其他范畴之间的内部关系，并形成一个框架。选择性编码的主要任务是开发故事线并完善主轴编码之间的逻辑关系。故事线将所有的范畴联系在一起，解释了全部现象的发生，突出了核心范畴的主导作用，逻辑关系对各个类别进行了更详细的比较和修正。

编码小组最终确定"可持续综合竞争力"为核心编码，由服务、市场、成本和应急四个主范畴共同构成，形成了一条明晰的故事线：在中国，LSP 进行横向物流协同的终极价值主张是通过竞争性合作来增强可持续竞争力，即同时提高服务、市场、成本和应急竞争力。他们从两个角度解释了合作者之间的联合价值主张：来源（内源性和外源性）和作用（形象和运作）。

（四）信度和效度检验

编码小组从三个方面来保证研究的信度和效度：理论饱和、方法内部多元化、实践者的检验（Larry，1995；王璐和高鹏，2010；张晓燕等，2016；Zhang 等，2023）。

理论饱和是对研究信度和效度的保证，当研究分析结果不能进一步发展并出现新的代码和类属时，达到理论饱和，扎根研究停止采样。在三阶段编码过程中，团队随机选取 34 个资料，各成员独立编码，并进行持续比较；又对预留的 7 个访谈资料进行重新编码和分析，没有发现其他新的范畴和关系，经过检验，理论类属达到饱和。

研究方法内部多元化指的是数据多元化、地域多元化、研究人员（目的）多元化。本书主要利用访谈资料作为数据来源，但也涉及大量网络资料、企业内部文件资料等。同时，访谈对象来源于政府、企业、研究机构和高校，全面代表了各个工作领域的专家的观点和看法，保证了数据的多元化；研究的企业所在物流集群地域涵盖西部 6 个省份的 25 个物流（经济、工业）园区、大型货物集散中心。另外，访谈并不局限于 LSP 进行横向物流协同的联合价值主张，而是涉及价值创造方式、治理机制等，编码人员既有在校博士生，又有经验丰富的学者，保证了研究方法内部多元化。

编码结束后，本书还将编码结果交于具有实践经验的企业家和官员进行检验。检验人员一部分是访谈对象，还有一部分是非访谈对象，前者主要检验编码的准确性和真实性，后者主要进行理论饱和度的检验。

二　横向物流协同联合价值主张模型构建

通过三级编码过程，本章识别出 LSP 进行横向物流协同的核心价值主张是通过与竞争者的不断合作，达到提高"可持续综合竞争力"的目的。可持续综合竞争力主要集中在对外形象与承诺以及内部运营两大方面，具体体现为服务竞争力、市场竞争力、成本竞争力和应急能力提升上，以此构建中国 LSP 进行横向物流协同的联合价值主张模型，如图 6-2 所示。

第六章 横向物流协同的联合价值主张

作用\来源	形象主张		运作主张	
内源主张	提升服务质量 提高专业化水平 获取新资讯 提高创新能力	服务竞争力	成本竞争力	降低运作成本 降低非核心费用 减少资源浪费 获取资金 降低人力资源成本
外源主张	处理紧急事件 完成应急作业 提升应急反应能力	应急竞争力	市场竞争力	缓解竞争 提高竞标实力 接近新市场 提高市场占有率

中间：可持续综合竞争力

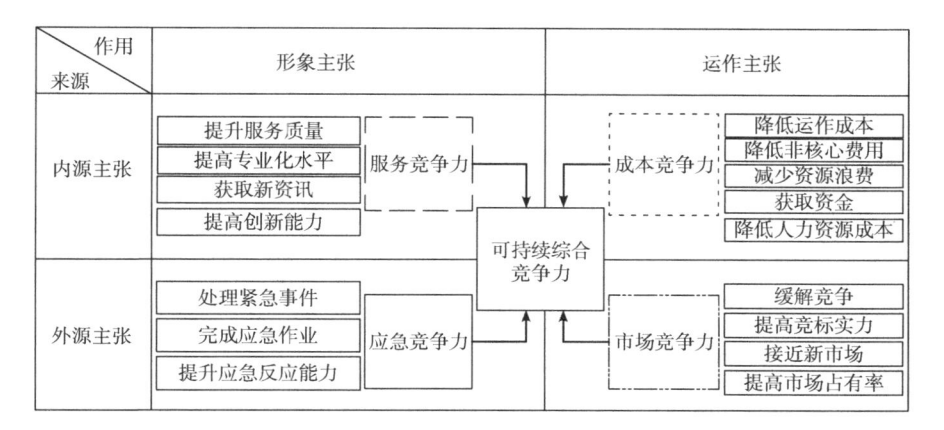

图 6-2　LSP 进行横向物流协同联合价值主张模型

模型从两个维度展示了 LSP 进行横向物流协同，实现"可持续综合竞争力"的四大价值主张。从最初的动力来源来看，服务和成本竞争力的提高来自 LSP 的内部发展需求，属于内源主张；而应急和市场竞争力的提高来自外部压力，属于外源主张。同时，从驱动作用的角度看，服务和应急竞争力建立了企业对外形象，成本和市场竞争力显示了企业的运作目标。

（一）服务竞争力

物流服务是高度定制化的（Cruijssen，2020；Pomponi 等，2015）。为了满足客户的需求，LSP 应该进行协同服务和运营（Sheffi 等，2019）。基于专业的信息平台和技术团队，LSP 可以实现信息传输，提高订单的完成率和准时率，并快速响应个性化需求（张玉春等，2013）；此外，合作对物流服务生态系统的技术创新很重要（Belderbos 等，2004）。今天，人工智能技术在物流中的应用越来越广泛（Fang 等，2020；Kung 等，2022）。企业家共同交流思想和经验，学习新知识，提高企业的学习能力，新技术和新能力是满足需求的承诺和保证（Zhang 等，2023）。

（二） 市场竞争力

中国物流业的许多赛道已经逐渐从快速发展阶段转向初步成熟阶段（Zhang 等，2023；Ho 等，2019；中国物流与采购联合会，2022）。企业之间的关系已逐渐转变为合作以扩大市场总量并创造共同价值（Tsai 和 Ghoshal，1998；Berlin 等，2022）。通过共享资源和信息，同行企业不仅可以提高其在商业谈判中的议价能力（Ghaderi 等，2012；Kokol 等，2022），还可以共同塑造更好的公众形象，并克服新的市场进入壁垒（ALICE，2020），进一步提高企业在更大地理范围内的市场份额。总的来说，提高企业的整体市场竞争力是对股东的回报和承诺。

（三） 成本竞争力

降低成本是企业最迫切的希望。中国 LSP 运作效率整体不高，主要运作成本和非核心业务成本居高不下，资源和设备的闲置率高，利用率低（中国物流与采购联合会，2022）。横向物流协同有利于帮助企业降低运营成本和非核心业务成本（Cruijssen，2020），盘活资产，用好人力资源，扩大利润空间。特别是对国有企业来说，充分利用闲置土地、设施和其他资源，减少浪费至关重要，实施 HLC 有助于将资产转化为资金和利润，打破制度界限（Fang 等，2020；Zhang 等，2023）。

（四） 应急竞争力

物流服务的初衷是解决供需之间的时空矛盾，从而快速应对市场变化（Rodrigues 和 Irina，2015），LSP 的应急能力主要表现为对市场变化的快速反应。在应急业务中，LSP 采用灵活的应急操作，将富余的服务能力转移给同行，并组织员工进行应急操作（Ho 等，2019；Zhang 等，2023）。物流产业受到政府和政策影响极大，尤其在当前，中国各级政府制定了诸多政策措施推动绿色物流、低碳出行。当政策发生变化时，LSP 负责人可以紧急开会，与行业协会和中介机构讨论各种对策并提出建议，更好地利用政策推动企业发展。通过横向物流协同，LSP 可以大大提高柔性响应能力，这也是提高企业综合竞争力的体现之一。

第四节 横向物流协作联合价值主张的作用机制

实践中，横向物流协同的过程可以根据"条件→行动/互动策略→结果"的逻辑分为三个阶段，分别是规划、实施和评估。规划阶段，对应"条件"，主要考察驱动 LSP 思想转变的力量，这是决定尝试 HLC 的过程。实施阶段，即"行动/互动策略"，主要考察驱动 LSP 行为转变的力量，即采取行动的过程。评估阶段是"结果"，考察驱动 LSP 战略转型的力量，并决定进行反复协调，是企业检验协同效应是否得到满足的过程。前述 LSP 对四种竞争力的追求，在每个阶段都发挥着各自的作用，这反映了每个类别在规划、实施和评估三个阶段的内部关系和相互作用，如图 6 - 3 所示。

图 6 - 3 横向物流协同过程

一 规划阶段的作用机制

横向物流协同的规划阶段是思想变革的时期。LSP 基于内源主张进行冒险，并由外源主张决定，外源主张是该阶段的基本决定因素，如图 6 - 4 所示。

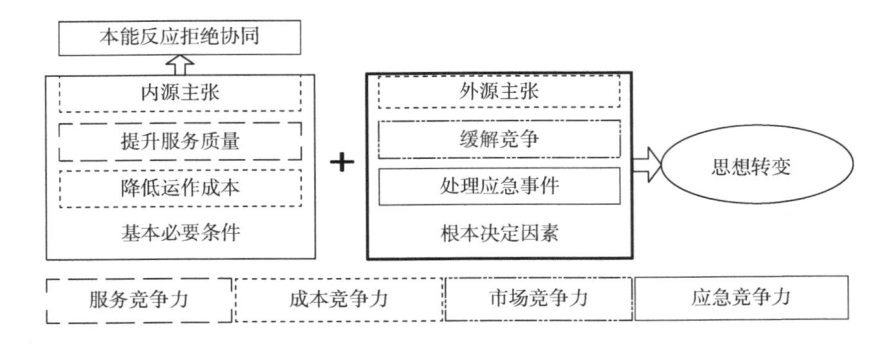

图 6-4 规划阶段的作用机制

横向物流协同本质上是竞争企业之间的合作。一般来说，由于担心机会主义行为而抵制与直接竞争对手协调是企业的本能反应。在规划阶段，LSP 需要克服对机会主义的担忧，并在意识形态上接受建立新关系。思想的转变首先基于内源主张，因为无论合作效果如何，LSP 都必须努力提高服务质量，降低物流成本。

然而，与一般理解不同的是，外源主张是规划阶段的决定性因素，因为环境变化会迫使企业思考协作的必要性和紧迫性，突发事件和竞争会促使企业积极形成命运共同体，共同应对变化。目前，新冠疫情带来了一个多变的环境。因此，中国政府已采取措施确保冷链服务质量，并建立可追溯系统，LSP 很难单独满足政府和客户的要求。与此同时，物流业的许多业务部门已经成为"红海"，面临着激烈的价格竞争，必须与竞争对手达成共识，防止恶意降价抢占市场，实现信息沟通和资源共享，从而形成双赢，缓解竞争。因此，外源主张是意识形态转型的决定性因素。

二 实施阶段的作用机制

在 HLC 的实施阶段，LSP 将协作理念付诸行动。运作价值主张起着决定性作用，LSP 的形象主张加强了操作驱动力的决定性作用，如图 6-5 所示。

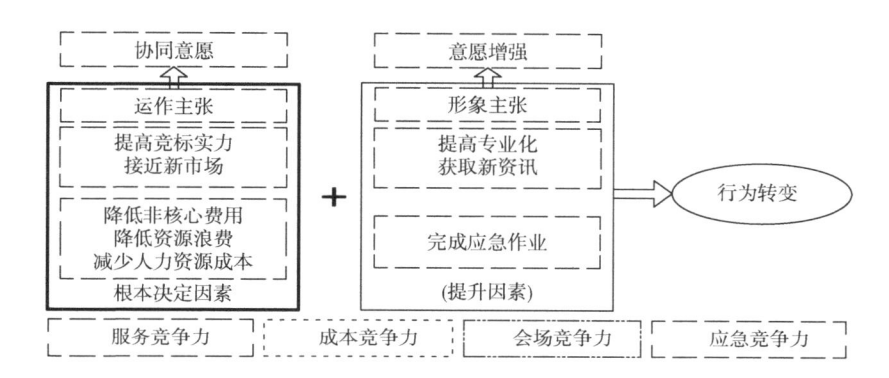

图 6-5 实施阶段作用机制

运作价值主张是实施阶段的决定性因素。一方面，LSP 应开辟新路线，开发新客户，开拓新市场，获得更大的发展空间。在这个过程中，企业通过 HLC 进行合作招标、联合采购、市场谈判，显示出更高的综合竞争力。另一方面，LSP 可以通过分担劳动力和提供外部设施服务来降低非核心成本和人力资源成本。设备的普遍使用也有助于提高利用率和减少资源浪费。同时，形象价值主张强化了 HLC 的意愿。合作带来了应急操作能力的提高，有助于树立良好的形象并提高承诺履行能力。LSP 的行为转变有助于 HLC 的落地和实现，并可能进一步推动战略转型，将企业之间的一次性合作转化为长期重复的战略行动。

三 评估阶段的作用机制

评估是对所有参与企业协同效应的反映和审查。LSP 将分别调查创新、市场份额、盈利能力和应急能力的改善状况和程度，以评估合作的效果，并决定是否加强与具有长期和重复战略合作意向的竞争伙伴的合作，如图 6-6 所示。

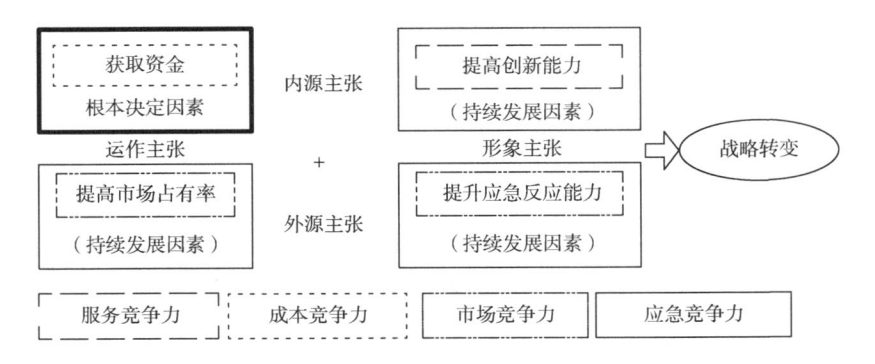

图 6-6 评估阶段作用机制

企业在评估阶段对 HLC 的绩效改进情况进行评估。只有当所有的成本、服务、市场、应急能力都得到提高时，企业才能坚定地重复协作的信心，实施战略变革。对于中国 LSP 来说，获取资金以提高收益是评估阶段的根本驱动因素，这反映了 HLC 的直接作用和一次性协同的短期效应。市场份额、创新能力和应急能力的提高体现了对可持续发展的追求，并具有长期效果。特别是人工智能技术和深度学习能力等的发展，使 LSP 能够将简单的程序化工作委托给机器，降低人力资源成本，提高创新能力，促进静态和动态知识在企业之间的传播（Kokol 等，2022；Kung 等，2022）。这将提高重复合作的可能性。对 HLC 效应的评估将直接决定 LSP 是否会进行战略转型，并促进从偶然到重复的转变。

第五节 中国横向物流协同联合价值主张模型的创新之处

与其他国家已有的研究相比（Cruijssen，2020；Luthra 等，2022；Pfoser 等，2022；Rodrigues 和 Irina，2015；Hingley 等，2011），联合价

值主张表明了营利组织在追求经济效益方面的特征。然而，在研究中也发现了中国 LSP 的一些差异。

一　联合价值主张的差异

中国物流业发展的能力较弱，增值服务较少，市场秩序略显混乱，企业竞争更加激烈，整体物流运营水平较低，这使得中国 LSP 的 HLC 动机与现有研究结论不同。

首先，在服务改进方面，中国企业特别注重获取新信息。LSP 通过协作实现知识的外部经济，并倍增知识溢出效应，这源于集体学习和知识共享的意识提高。同时，人工智能与深度学习的合作尤为重要，因为它们可以极大地提高企业的服务创新能力。

其次，在市场扩张方面，中国 LSP 希望缓解竞争，进入新市场。他们希望提高谈判能力，并通过合作接近新市场。这与其他国家 LSP 对市场渗透率的关注略有不同（Sheffi 等，2019；Pan 等，2019；Rivera 等，2016；Leitner 等，2011；Heuvel 等，2014）。

然后，在成本降低方面，所有企业都希望通过 HLC 降低运营成本，但中国 LSP 更关注非核心成本，追求更全面、更详细的资源（特别是人力资源）利用，并专注于盘活资产。这可以归因于近年来中国政府在宏观政策和微观战略上都注重降低成本和提高效益（中国物流与采购联合会，2022）。

最后，在应急响应方面，中国 LSP 更关心应急响应能力的提高。由于市场的急剧变化，中国政府对政策进行了更多的调整，企业采取措施适应紧急情况和紧急订单，这不仅表明了 LSP 物流运营能力的不足，也反映了企业提高应急能力的迫切希望。

二　物流人力资源的有效利用

在中国，企业通常将员工分为正式员工和临时员工。正式员工是指在其整个职业生涯中受雇于 LSP 的全职员工。他们主要从事日常经营，按小时或按件计酬。临时员工是非正式的，他们仅在企业有紧急订单时工作，并赚取计件工资。

现有研究将资源共享作为 HLC 的联合价值主张之一（Cruijssen，2020；Luthra 等，2022；Sheffi 等，2019）。他们认为人力资源共享更多的在于管理者而不是普通员工，因为经验、业务能力和管理者的隐性知识是合作的重要辅助（Rivera 等，2016；Zhang 等，2023）。但中国的情况略有不同。LSP 经常交换和共享员工，企业安排"全职员工的日常工作"和"临时员工的临时工作""专职人员的临时对外服务"来发挥人力资源优势，降低人力资源成本，以"临时人员的应急操作"开展应急业务。人力资源共享旨在降低运营成本，提高运营效率，同时致力于发展对市场快速反应的能力，并对市场变化做出快速反应，以满足客户需求，提高综合竞争力。

三 国有企业的跨机构协作

这是这项研究的新发现。由于其独特性，在中国，国有企业通常不会打破制度界限，与竞争对手进行 HLC，尤其是与非国有企业进行 HLC。然而，GT 的研究反映出，一些持开放态度的国有 LSP 有勇气打破制度界限，与私营企业合作。一些尝试进行短期合作，如区域市场开发、运输路线延伸等；而另一些则更大胆地实施长期合作战略。在重资产和轻资产分离的基础上，这些国有 LPS 独立投资于固定资产，合作者投资于轻资产。跨系统 HLC 是中国国有物流企业提高可持续竞争力的重要尝试。

一个有代表性的例子是 M 和 C 的合作。M 是甘肃省的一家大型国有物流企业，C 是中国著名的私营企业。它们在兰州市共同建设了一个内陆港口，总投资为 13.08 亿元。两家公司采取轻重资产分离的模式，

M 公司 100% 投资于内陆港口的土地征用和房地产资产的建设、维护和出售。同时，M 公司和 C 公司以 40% 和 60% 的比例共同成立了一家注册资本为 2000 万元的资产管理公司。此后，M 公司多次与其他国有企业合作开展物流项目，并取得了丰富的经验和良好的效果。目前，内陆港口和资产管理公司运营良好，M 公司已成为甘肃省最大的物流集团，C 公司在中国西部获得了更大的市场份额。

四 人工智能技术能力集成

人工智能在物流中的应用仍在探索中（Cruijssen，2020），中国物流服务商对人工智能的理解主要来自政府促进智能供应链的政策（中国物流与采购联合会，2022；Guo 等，2021b；Kung 等，2022）。

人工智能技术在中国物流业的发展方向大致可以分为两种。一种是由智能设备取代部分劳动力，如无人卡车、AMR、无人送货车、无人机、客服机器人等硬件设施，主要由人工智能技术提供动力。另一种是物流管理系统，由计算机视觉、机器学习、操作优化等技术或算法驱动，以提高人工效率。在中国，LSP 大多独立购买和应用智能硬件设备，同时集成软件系统（刘大鹏，2010；Kung 等，2022）。特别是在德坤、传化、蚁链等热门运输联盟中，所有加盟商都在联盟统一的路线规划、财务支付和订单分配的基础上，运用自己的硬件设备进行独立运输。同样，在仓储联盟中，平台根据客户需求分配订单，由参与者提供独立的智能存储服务，比较典型的代表是云仓库和奥玛物流仓储联盟。

随着大数据分析的快速发展，人工智能应用前景广阔（Kung 等，2022）。然而，由于技术水平和政策限制，它需要很长时间来培养。LSP 经常通过 HLC 游说政府提供政策保证和财政支持。物流行业的人工智能技术主要在于深度学习、计算机视觉、自动驾驶和自然语言理解。2019 年，"人工智能 + 物流"的市场规模为 15.9 亿元，随着技术能力的提高和行业理解的加深，预计到 2025 年这一数额将接近 100 亿元（中国物流与采购联合会，2022）。

小　结

GT 是一种通过对比分析现象，进行理论抽象，从而建构理论的方法，比较适用于理论基础薄弱的研究领域。本章利用程序化 GT，通过"开放编码—主轴编码—选择性编码"三级编码构建理论，对"中国 LSP 横向物流协同联合价值主张"进行了尝试研究。

与其他研究不同的是，本章使用"横向理论构建"来构建理论模型，并使用"纵向理论构建"解释 HLC 联合价值主张在计划、实施和评估阶段的运行机制。模型表明，企业希望通过与竞争者的不断合作，达到提高"可持续综合竞争力"的目的。按照来源和作用划分，综合竞争力的提高主要集中在服务竞争力、市场竞争力、成本竞争力和应急能力上，它们代表着 LSP 对外形象、内部运营，以及内源和外源主张方面的不同诉求。

同时，扎根研究还指出了中国 LSP 在进行横向物流协同的联合价值主张、劳动力利用、国有企业的跨机构协作、人工智能技术集成和学习等方面的一些区别，这是对中国现象的深入解释。

联合价值主张模型为后续实证研究奠定了基础。扎根研究之后，本书利用从西部 6 个省份收集的 801 个 LSP 的问卷数据，实证研究扎根过程中识别出的各项动机因素对"HLC 价值创造→绩效提升"的两个中介模型（信任与承诺、伙伴选择）的调节效应，以期细化研究各自的作用机理。

第七章　联合价值主张的调节效应研究

如前所述，横向物流协同的关系治理机制主要表现为信任与承诺和伙伴选择。两者在 HLC 价值创造和绩效提升之间发挥显著的中介作用。但企业行为会受到企业诉求的影响。LSP 进行横向物流协同追求联合价值主张的实现，在中国，主要表现为最大限度地提升可持续竞争力，即服务竞争力、成本竞争力、市场竞争力和应急竞争力。那么，关系治理机制的中介作用是否也会受到企业联合价值主张的影响呢？换言之，企业联合在一起进行横向物流协同的价值主张是否会对中介关系发挥调节效应呢？本章将对此进行实证研究。

考虑到 LSP 的联合价值主张来源于扎根研究，本章会参照已有文献，对扎根研究发现的成本竞争力、服务竞争力、市场竞争力和应急竞争力进行测量，然后实证研究联合价值主张的调节效应。

第一节　横向物流协同联合价值主张的测量

一　问卷设计

基于对中国 LSP 横向物流协同联合价值主张扎根研究的 16 个关系

类别，对照已有文献关于企业联合价值主张的量表，本书形成了 16 个题项，在预调研问卷中采用李克特七点计分法。如第四章对预调研进行的说明，预调研利用了 167 个选择进行过协同的 LSP 进行 EFA，以确定变量内部结构的合理性和不同模型对数据的整体拟合优度。

二 探索性因子分析

EFA 的目的在于确认构成联合价值主张的潜在变量及与其对应的观察变量，以确保模型结构的合理性。对 167 份数据进行的 EFA、KMO 和 Bartlett 球形检验，发现 KMO 值为 0.725，Bartlett 球形检验值卡方 = 1763.560（p < 0.001），适合用因子分析。用主成分分析法抽取因子，四因子的累积贡献率为 75.118%。"提高竞标实力""获取资金""提升应急反应能力"的因子贡献率低于 0.40，被剔除。以此为依据，对问卷进行调整。正式调研中保留 13 个题项，作为衡量 HLC 动机的四个潜在变量的观察变量。

结果表明，横向物流协同的联合价值主张大致可以分为四个维度，第一个维度由"减少资源浪费""减少非核心费用""降低人力成本""降低运作成本"构成；第二个维度由"提升服务质量""提高专业化水平""获取新资讯""提高创新能力"构成；第三个维度由"提高市场占有率""接近新市场""缓解竞争"构成；第四个维度由"处理紧急事件"和"完成应急作业"共同构成，这与前期扎根研究结果基本一致。将提取出的 4 个因子分别命名为降低成本、提升服务、扩大市场和应急能力，它们共同构成了 LSP 进行横向物流协同的联合价值主张。

四个维度与之前学者们基于不同理论对协同联合价值主张进行的研究结论相似。从制度理论的角度看，企业为了获取合法性而寻求与其他类似组织的协同（Cruijssen，2020；Maggi 和 Mariotti，2010；

Sheffi 等，2019），这种合作带来竞争的缓和（Hacardiaux 和 Tancrez，2022）；交易成本理论预测了寻找合作伙伴过程中的不确定性，认为信息的畅通能够缓解企业的有限理性，增加可选择的潜在伙伴的数量（Dai，2010；Badraoui 等，2022），从而降低企业搜寻合作者的成本（Cruijssen，2020）、议价成本（Mason 等，2007）、信息成本（Rodrigues 和 Irina，2015）、决策成本（Sheffi 等，2019）等，带来物流运作总成本的降低（Maggi 和 Mariotti，2010；Rivera 等，2014）。从社会资本理论的视角来看，企业通过竞争进行资源配置产生效率（Burt，1997），通过协同获得其他企业对人力、财务、技术、资本等各项资源的输入，实现资源共享，减少对核心资源的依赖（Wang 等，2016；Rodrigues 和 Irina，2015）。社会资本理论还认为，企业可以通过协同促进资源的吸收与整合，通过相互学习、知识管理等方式逐步整合和改进现有能力（Burt，1997），提升自身的创新能力（Rivera 等，2014；Pomponi 等，2015），获得新知识，降低成本（Sheffi 等，2019），使企业在动态、复杂、不确定的环境下发挥自身资源优势，不断提高市场地位（Maggi 和 Mariotti，2010；Schmoltzi 等，2011），提升客户服务能力（Mrabti 等，2022；Rodrigues 和 Irina，2015）。

三 联合价值主张测量模型设计

基于 EFA 分析结果，利用 801 个正式调研数据，建立横向物流协同联合价值主张的一阶测量模型。图 7-1 显示了一阶动机模型的验证性因子分析的标准化运算结果。

一个有趣的结果是，"降低成本"与其他三个一阶动机潜在变量之间的相关系数均为负，标准化相关系数分别为降低成本 ⟵⟶ 扩大市场：-0.32；降低成本 ⟵⟶ 提升服务：-0.41；降低成本 ⟵⟶ 应急能力：-0.36，且 GFI 和 AGFI 不符合基本要求。这说明前述所设计的联

中国横向物流协同研究

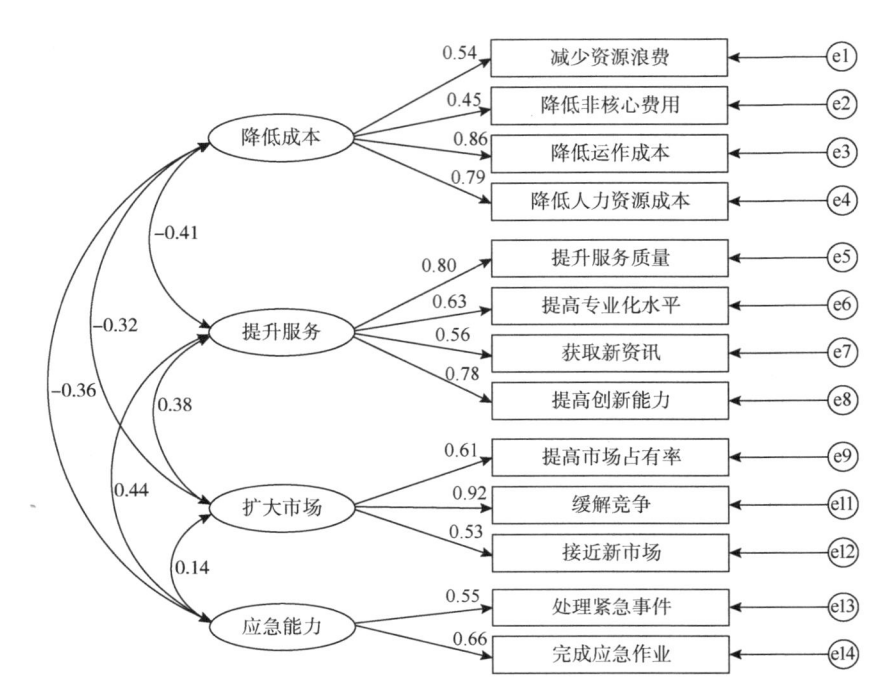

图 7-1 联合价值主张一阶检验模型

CHI-SQEARE=168.901；DF=41；CMIN/DF=4.120；RMSEA=0.103；
GFI=0.895；AGFI=799；TLI=0.901；CFI=0.904

合价值主张的四个维度并不成立，"降低成本"维度和"提升服务""扩大市场"以及"应急能力"三个维度具有反向关系。

表 7-1 所列的协方差估计值进一步说明了"降低成本"与其他三个构念之间的关系。

表 7-1　　　　　　　　一阶动机测量模型协方差估计值

潜变量关系	估计值	S. E.	C. R.	p	标准化系数
降低成本 ⟷ 提升服务	-0.229	0.038	-5.999	***	-0.410
降低成本 ⟷ 扩大市场	-0.142	0.031	-4.622	***	-0.321

续表

潜变量关系	估计值	S. E.	C. R.	p	标准化系数
降低成本 ⟷ 应急能力	-0.132	0.032	-4.175	***	-0.358
提升服务 ⟷ 扩大市场	0.255	0.052	4.938	***	0.331
提升服务 ⟷ 应急能力	0.275	0.057	4.831	***	0.440
扩大市场 ⟷ 应急能力	0.082	0.037	2.243	*	0.161

注：*** 表示在0.001水平上显著，* 表示在0.1水平上显著。

事实上，图7-1的结果并不反常，这与中国物流业长期以来追求的发展目标"降本增效"一致。但从"二律背反"的基本原理来看，物流成本和物流效益之间存在此消彼长的现象。企业要开拓新市场，提高市场占有率，需要持续提高服务专业化水平、创新能力和运作质量，提升应急反应能力，但这必然需要更多的营销、设施设备投入，由此也会带来各项物流运作成本的提高。Stephen（2006）和Saenz等（2015）也注意到了这个问题，Stephen（2006）提出竞争对手之间的物流合作绩效受到成本减少和质量提升动机之间的反向影响，Saenz等（2015）发现横向物流协同实现能带来9%—49%的成本节约，但也可能降低货物交付频率，降低服务水平。

鉴于此，笔者决定将"降低成本"命名为"成本主张"，将"提升服务""扩大市场""应急能力"命名为"效益主张"，分别检验两者对中介模型的调节效应。

四 样本数据质量测评

对联合价值主张的调节效应研究利用801个LSP样本进行，描述性统计及皮尔逊相关系数汇总见表7-2。

表7-2　　样本的描述性统计及皮尔逊相关系数汇总

变量	均值	标准偏差	偏度	峰度	AVE	降低成本	提升服务	扩大市场	应急能力
降低成本	2.2131	0.84151	0.647	0.835	0.508	**0.713**	—	—	—
提升服务	4.8092	0.90927	-0.399	0.452	0.487	-0.410**	**0.699**	—	—
扩大市场	4.8203	0.99100	-0.603	1.131	0.499	-0.321**	0.338**	**0.706**	—
应急能力	4.8004	0.99290	-0.282	-0.012	0.472	-0.358**	0.440**	0.161*	**0.687**

注：加粗数值是AVE的平方根，平方根下方为皮尔逊相关系数；** 表示在0.01水平（双侧）上显著相关，* 表示在0.1水平（双侧）上显著相关。

由表7-2可以看出，每个潜在变量AVE大于或十分接近0.5，处于可接受水平；同时，AVE的平方根均大于它和其他潜在变量的相关系数的绝对值，符合区分效度要求。除了扩大市场 ⟷ 应急能力外，大多皮尔逊系数为0.3—0.5，且变量之间两两显著相关。对联合价值主张涉及的各个变量进行信度检验，汇总入表7-3。

表7-3　　HLC动机各变量信度分析结果汇总

变量	题项	题项—总体相关系数CITC	删除该题项后的Cronbach's α	Cronbach's α
降低成本（成本动机）	减少资源浪费	0.571	0.711	0.798
	降低非核心费用	0.585	0.841	
	降低人力资源成本	0.650	0.667	
	降低运作成本	0.550	0.711	
提升服务	提升服务质量	0.676	0.584	0.700
	提高专业化水平	0.522	0.680	
	获取新资讯	0.516	0.616	
	提高创新能力	0.482	0.661	

续表

构念	题项	题项—总体相关系数 CITC	删除该题项后的 Cronbach's α	Cronbach's α
扩大市场	提高市场占有率	0.571	0.646	0.691
	缓解竞争	0.663	0.403	
	接近新市场	0.505	0.622	
应急能力	处理紧急事件	0.466	—	0.535
	完成应急作业	0.466	—	
效益动机	提升服务	0.499	0.543	0.591
	扩大市场	0.560	0.674	
	应急能力	0.475	0.649	

由表 7-3 可见，构成横向物流协同的成本和效益价值主张的各个变量的题项—总体相关系数和 Cronbach's α 基本符合 Hair（2017）的建议。

本节的研究表明，虽然横向物流协同联合价值主张可以用四个潜在变量测量，但"降低成本"与其余变量之间负相关，因此，应该分别考察由"降低成本"代表的"成本主张"和由其余三个潜在变量代表的"效益主张"对中介模型的调节效应。

第二节 成本主张的调节效应

研究普遍认为，动机影响行为，学者们强调信任作为横向物流协同的关键中介要素的作用，但也关注价值主张对此造成的影响（Sheffi 等，2019）。联合价值主张为企业在竞合行动中的信任与承诺营造了积极向上的环境氛围。因为协同目标和竞合行为的一致配对会对伙伴间不同基础之上的信任与承诺有所帮助。如前所述，横向物流协同中的信任与承诺可以分为情感信任和能力信任（Ha 等，2013；Fu 等，2017）。前者是源于主观，后者源于客观。本书针对 801 个 LSP 的数据表明，企业践行横向物流协同的联合价值主张被分为成本主张和效益主张，两者相互背反。因此，可以认为，LSP 不同的价值主张对信任和承诺发挥不同的调节作用。

一 成本主张模型测量

横向物流协同的"成本主张"指向"降低成本"潜在变量，对应四个观察变量，其模型测量如图 7-2 所示。

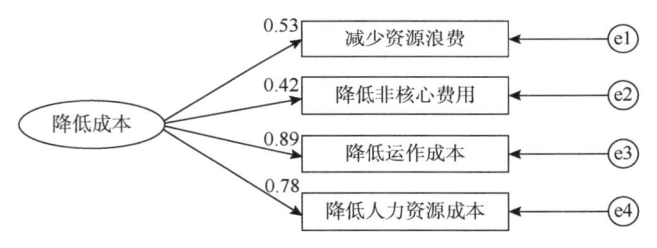

CHI-SQEARE=118.099；DF=23；CMIN/DF=5.134；RMSEA=0.56；
GFI=0.875；AGFI=0.925；TLI=0.911；CFI=0.924

图 7-2 成本主张模型测量

对比模型的适配度指数和表 4-2 所列的适配度标准或临界值，各项适配度指标接近或达到可接受临界值，模型基本可接受，模型与数据的匹配度尚可。

可以看出，对 LSP 而言，"成本主张"中最重要的是"降低运作成本"和"降低人力资源成本"，"降低运作成本"是 LSP 通过协同分摊各项主营业务的费用的价值主张；"降低人力资源成本"是灵活调动企业物流劳动力进行高效工作配置的要求和表现，也是 LSP 不断追求精益物流的过程中的经验积累。

二 成本主张对信任与承诺中介的调节作用

(一) 假设提出

很明显,企业通过横向物流协同实现对成本降低的追求实质上是与竞合伙伴共同创造节约价值的过程,在这个过程中,企业更愿意选择信任和承诺程度高的竞争者作为伙伴(Sheffi 等,2019)。因为合作伙伴之间的信任需要过去积极的合作经验(Karam 等,2021b)和相互对文化和行事方式的理解来进行公平灵活的成本分摊和利润分配(Wang 等,2016;Sheffi 等,2019),也需要对方的专业素养作为降低成本的能力保障。换言之,无论是基于对伙伴可靠性、可信度和承诺的认知而产生的情感信任,还是基于对技术、专业和规则可行性判断的能力信任都会在成本主张的赋能下被强化。企业追求成本降低的意愿越高,HLC 价值创造过程中的情感信任和能力信任水平就越高,高水平的信任与承诺带来的绩效提升也越高。由此,提出假设。

假设 5-1:LSP 的成本主张正向调节 HLC 价值创造和情感信任之间的关系,进而实现绩效提升。

假设 5-2:LSP 的成本主张正向调节 HLC 价值创造和能力信任之间的关系,进而实现绩效提升。

(二) 成本主张对信任与承诺中介作用的调节效应检验

本书主要使用 SPSS 软件进行中介调节效应的研究,按照 Edwards 和 Lambert (2007) 和 Preacher (2007) 的建议,并参照 Kok-Yee Ng 和 Soon (2008)、Castaldi 等 (2015) 及其他多位学者的做法,利用层级回归方法进行。为了避免多重共线性的影响,本章在进行成本主张对中介模型的调节效应分析时,分别对自变量和调节变量进行了中心化处理。

成本主张对情感信任和能力信任中介模型的调节作用的层级回归结果见表7-4。

表7-4　　　成本主张对信任与承诺中介关系的调节作用

成本主张对情感信任中介关系的调节作用

	模型		M1			M2	
	变量	B	S.E.	t	B	S.E.	t
S1	常量	4.317	0.052	83.539***	—	—	—
	HLC 价值创造	0.346	0.051	6.780***	—	—	—
	成本主张	0.130	0.061	5.492**	—	—	—
S2	常量	—	—	—	4.319	0.052	82.794***
	HLC 价值创造	—	—	—	0.342***	0.053	6.509***
	成本主张	—	—	—	0.103**	0.062	5.545**
	交互	—	—	—	0.121*	0.060	5.342**
	R^2	—	0.336	—	—	0.324	—
	调整 R^2	—	0.108	—	—	0.106	—
	F 更改	—	23.919***	—	—	15.948**	—
	$\triangle R^2$	—	0.271	—	—	0.031	—

因变量:情感信任;交互 = HLC 价值创造 × 成本主张

成本主张对能力信任中介关系的调节作用

	模型		M1			M2	
	变量	B	S.E.	t	B	S.E.	t
S1	常量	4.893	0.045	108.687***	—	—	—
	HLC 价值创造	0.520	0.044	11.702***	—	—	—
	成本主张	0.152	0.053	3.987**	—	—	—

续表

成本主张对能力信任中介关系的调节作用

模型		M1			M2		
	变量	B	S.E.	t	B	S.E.	t
S2	常量				4.893	0.045	107.649***
	HLC 价值创造				0.458***	0.046	11.359***
	成本主张				0.133**	0.054	3.977**
	交互				0.007	0.053	0.040
	R^2	0.276			0.276		
	调整 R^2	0.272			0.270		
	F 更改	71.590***			0.002		
	$\triangle R^2$	0.276			0		

因变量：能力信任；交互 = HLC 价值创造 × 成本主张

注：*** 表示在 0.001 水平上显著，** 表示在 0.01 水平上显著，* 表示在 0.1 水平上显著。

表 7-4 报告了成本主张对情感信任和能力信任中介关系的调节作用的各项系数以及显著性，可以看出，成本主张对 HLC 价值创造和情感信任之间的关系发挥比较显著的正向调节作用。加入交互项后，HLC 价值创造的影响系数为 0.342***，成本主张的系数为 0.103**，调节效应的系数为 0.121*，对应 F 值改变量为 15.948**，$\triangle R^2$ 为 0.031，回归结果支持了假设 5-1。

成本主张对 HLC 价值创造与能力信任之间的关系也发挥正向调节作用，但不显著。加入交互项后，HLC 价值创造的影响系数为 0.458***，成本主张的系数为 0.133**，调节效应的系数为 0.007，对应 F 值改变量仅为 0.002，$\triangle R^2$ 为 0。很明显，成本主张对 HLC 价值创造和能力信任之间的关系发挥正向调节作用，但交互项的系数为 0.007，影响并不显著。假设 5-2 得到部分支持。

这说明在中国，当 LSP 参与横向物流协同的主要目的是追求成本降低（减少资源浪费、降低非核心费用、降低人力成本和降低运作成本）时，企业对合作伙伴基于情感的信任与承诺程度很高。这符合社会网络理论对关系的认知，组织间关系的强度取决于关系双方在社会网络上的时间耗费、情感强度、亲密程度和互惠关系（马汀·奇达夫和蔡文彬，2007）。在中国，企业家之间的关系会极大影响企业的选择，特别会影响企业之间的相互理解。因为 HLC 具有十分明显的竞合特征，基于情感的信任与承诺能从心理上降低来自竞争者的机会主义风险。特别是当企业注重成本降低时，从投入产出的角度讲，"相信对方值得合作"能够确保企业以最小的搜索成本获取最符合认知的伙伴并由此获得最理想的绩效提升。

但合作伙伴的能力与企业对其的信任与承诺程度关系不大。可能的原因是中国 LSP 多为小微企业，能力相对不足，整体上，LSP 对伙伴的专业技术满意度、期望与规则不高，接受专业建议时也会有所保留，这符合资源依赖理论的基本观点，企业与外部组织进行合作的决定性动机在于获取环境中的资源来维持生存和发展。此时，企业更多会考虑与竞争者合作时投入成本的减少，当企业对潜在合作者的能力评估结论是不足时，成本主张的推动力会降低，甚至消失。企业怠于基于能力信任展开 HLC 价值创造。

基于以上验证分析，成本主张对"HLC 价值创造→情感信任→绩效提升"的中介关系的前段发挥显著正向影响，假设 5-1 成立。成本主张对"HLC 价值创造→能力信任→绩效提升"的中介关系的前段发挥正向影响，但不显著，假设 5-2 得到部分支持。

三 成本主张对伙伴相似性中介作用的调节效应检验

（一）假设提出

已有研究指出，企业会同时建立多个物流联盟进行 HLC，会按照不同动机选择与不同的伙伴展开不同形式的合作（Lyons等，2012）。虽然近年来物流技术水平不断提升，但中国LSP多为小微型企业，大多从事运输和仓储等传统物流业务，设施设备等硬件现代化程度欠缺，难以实现"一车多用""一库多用""一人多用"等。因此，企业更倾向于选择与自己具有相似性的伙伴进行各类合作（李喆，2013；Zhang等，2023），既能提高资产的使用频率和效率，又不受到资产专用性的束缚。对于实力较弱的企业，找到与其相似的伙伴进行物流协同活动，既可以帮助其将资金应用于提高核心活动生产率，不必专门购买运输设备或仓储空间，以此降低资源使用成本（Baron和Kenny，1986；Hingley等，2011），又能够尽快找到匹配的设备资源，减少对适用性资产、设备的搜寻时间（Saenz等，2015），帮助其将主要精力投入核心业务，降低运作成本。换言之，企业对成本的追求越高，HLC价值创造中的伙伴的相似性可能就越高，相似的合作伙伴带来的绩效提升也越高。由此，提出以下假设。

假设6：成本主张正向调节HLC价值创造和伙伴相似性之间的关系，进而实现绩效提升。

（二）成本主张对伙伴相似性中介的调节作用

依然利用层级回归方法分析成本主张对伙伴相似性中介模型的调节效应，层级回归结果见表7-5。

表7-5　成本主张对伙伴相似性中介关系的调节作用

模型		M1			M2		
变量		B	S.E.	t	B	S.E.	t
S1	常量	0.065	0.050	1.547			
	HLC价值创造	0.438	0.049	9.877***			
	成本主张	0.264	0.050	5.891**			

续表

模型		M1			M2		
变量		B	S. E.	t	B	S. E.	t
S2	常量				-0.001	0.050	-0.029
	HLC 价值创造				0.403***	0.050	8.836***
	成本主张				0.235**	0.050	4.556**
	交互				0.162*	0.055	2.026*
R^2		0.289			0.299		
调整 R^2		0.203			0.214		
F 更改		77.569***			18.844**		
$\triangle R^2$		0.196			0.131***		

因变量:伙伴相似性;交互 = HLC 价值创造 × 成本主张

注:*** 表示在 0.001 水平上显著,** 表示在 0.01 水平上显著,* 表示在 0.1 水平上显著。

从表 7-5 中可以看出,成本主张对 HLC 价值主张和伙伴相似性之间的关系发挥显著的正向调节作用,加入交互项后,前半段 HLC 价值主张的影响系数为 0.403***,成本主张的系数为 0.235**,调节效应的系数为 0.162*;相应地,F 值改变量为 18.844**,$\triangle R^2$ 为 0.131***,回归结果支持了本章提出的假设 6,成本主张正向显著调节 HLC 价值创造和伙伴相似性之间的关系。

第三节 效益主张的调节效应

一 效益主张模型测量

考虑到提升服务、扩大市场和应急能力三个构念的相关性较高,本节将三个一阶变量合并为"效益主张",以示与"成本主张"的区别。同时,为了保证测量模型的效度,本书在确定最终测量模型之前,分别进行了零模型、一阶一因子模型、一阶三因子无关模型、一阶三因子相关模型和二阶三因子模型的检验。零模型、一阶一因子模型、一阶三因子无关模型都无法识别,一阶三因子模型适配度指标并不理想;只有二阶三因子模型卡方值自由度比为4.741,可以接受,GFI、AGFI、CFI和RMSEA指标均处于普通水平。二阶三因子模型如图7-3所示。

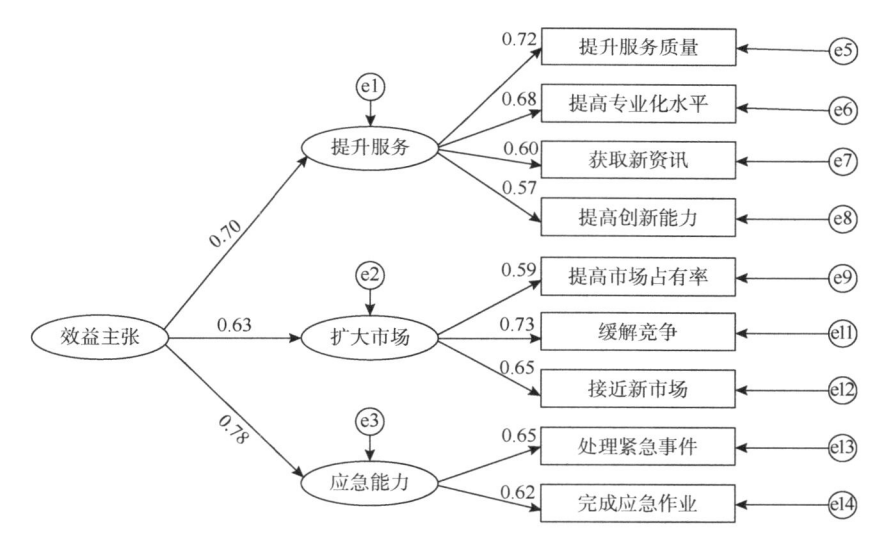

CHI-QEARE=156.467;DF=33;CMIN/DF=4.714;RMSEA=0.103;
GFE=0.905;AGFE=0.911;TLI=0.899;CFE=0.924

图7-3 效益主张测量模型

由图7-3可知,LSP进行横向物流协同的"效益主张"可以由"扩大市场""提升服务""应急能力"三个潜在变量来共同解释,它们的观察指标的因素负荷量为0.63—0.78,符合统计要求。经过计算,三个初阶变量对应的CR指标值分别为0.798、0.706和0.690;AVE分别为 0.515、0.507 和 0.497，基本符合判别标准，表明聚合效度好，指标的同构性好。

进一步地，利用 AVE 平方根判断法来判断模型的区分效度，见表 7-6。

表 7-6　效益主张潜在变量皮尔逊相关系数和 AVE 平方根值

潜在变量	AVE	提升服务	扩大市场	应急能力
提升服务	0.515	**0.718**	—	—
扩大市场	0.507	0.494***	**0.712**	—
应急能力	0.497	0.594***	0.354***	**0.705**

注：表中加粗字体为是 AIE 的平方根、平方根下方为皮尔热相关系数，** 表示在 0.01 水平（双侧）上显著相关。

三个构念的标准化相关系数均小于各自 AVE 的平方根，潜在变量之间的区分效度较佳。

从"效益主张"的测量模型中可以看出，在"提升服务"主张中，"提升服务质量"的因素负荷量最大，它是企业生存与发展的根本保障。全球化进程推动客户需求的多样化、定制化和即时化（Morgan 和 Richey，2016；Sheffi 等，2019），对 LSP 的服务能力提出新的要求，快速响应、专业化、定制化的服务能够为企业带来高额利润（Saeed，2013）。从资源依赖理论的视角看，协同帮助企业获取"大"订单，实现高货运量（Cruijssen，2020）。同时，"提高服务专业化"和"获取新资讯"的因素负荷量也很高，专业化服务是服务水平提升的保证，新资讯是 LSP 之间知识共享和学习能力提升的保障（Hingley 等，2011），是无形资产的协同。HLC 会促进企业之间经验、信息和知识频繁互动，带来静态知识、复杂技术的转移（Zaheer 和 Milanov，2014）。同时，协同会产生新知识，驱动创新能力（李丹，2009）。

企业"扩大市场"的主张中最重要的是"缓解竞争"，其因素负荷量达到0.73。中国LSP往往规模较小，实力较弱，缺乏增值服务能力，竞争相对集中于价格方面，十分激烈（海峰等，2016），所以LSP希望通过横向物流协同来缓和同行关系。较之于对欧美的研究，缓解竞争对推动HLC的作用力可能更显著。此外，LSP还希望通过合作，发现新机会，接近或进入新市场（Schmoltzi等，2011），提高开拓或渗透速度来提高市场占有率（Zhang等，2023）。

LSP对"应急能力"的主张体现在"处理紧急事件"和"完成应急作业"方面。在不确定的市场环境下，企业联合应对突发事件成为常态（Cruijssen，2020），主要是处理宏观与微观经济环境变化，应对政府政策措施。同时，环境变化会造成客户紧急订单数量突增，合作完成应急作业也可以帮助企业建立经营优势并提高竞争实力（Badraoui等，2022）。

上述效益主张会影响企业对合作伙伴的信任与承诺，以及对伙伴的选择。换言之，效益主张可能会对中介模型发挥调节作用。

二　效益主张对信任与承诺中介的调节作用

（一）假设提出

企业对效益的追求，体现为企业各方面的动态增加值的提高。虽然企业寄希望于共同扩大市场，以得到更多的绝对收益，但LSP整体实力弱小，做大蛋糕的难度极大。HLC明显的竞合特征导致对效益的追求常常以牺牲竞争对手为代价。这与企业对合作伙伴的信任与承诺相违背，因此，效益主张可能会负向影响LSP进行横向物流协同时的情感信任与能力信任。基于此，提出假设7。

假设7-1：LSP的效益主张负向调节HLC价值创造和情感信任之间的关系。

假设7-2：LSP的效益主张负向调节HLC价值创造和能力信任之间的关系。

(二) 效益主张对信任与承诺中介关系的调节作用

对效益主张的调节效应研究，本书采取了和成本主张研究相同的方式。层级回归的结果见表7-7。

表7-7　　　　效益主张对信任与承诺中介关系的调节作用

效益主张对情感信任的调节作用

模型		M1			M2		
变量		B	S. E.	t	B	S. E.	t
S1	常量	4.253	0.071	78.312***			
	HLC价值创造	0.339	0.051	11.579***			
	效益主张	0.198	0.075	4.202**			
S2	常量				4.253	0.071	59.938***
	HLC价值创造				0.351***	0.060	5.856***
	效益主张				-0.134**	0.077	4.351**
	交互				-0.098*	0.076	-2.403*
R²		0.335			-0.341		
调整△R²		0.116			0.112		
F更改		24.734***			16.506***		
△R²		0.110			0.112**		

因变量：情感信任；交互 = HLC价值创造×效益主张

续表

<table>
<tr><th colspan="8">效益主张对能力信任的调节作用</th></tr>
<tr><th colspan="2">模型</th><th colspan="3">M1</th><th colspan="3">M2</th></tr>
<tr><th colspan="2">变量</th><th>B</th><th>S.E.</th><th>t</th><th>B</th><th>S.E.</th><th>t</th></tr>
<tr><td rowspan="3">S1</td><td>常量</td><td>4.842</td><td>0.062</td><td>78.312***</td><td></td><td></td><td></td></tr>
<tr><td>HLC 价值创造</td><td>0.517</td><td>0.045</td><td>11.579***</td><td></td><td></td><td></td></tr>
<tr><td>效益主张</td><td>0.179</td><td>0.066</td><td>4.202**</td><td></td><td></td><td></td></tr>
<tr><td rowspan="4">S2</td><td>常量</td><td></td><td></td><td></td><td>4.842</td><td>0.062</td><td>78.255***</td></tr>
<tr><td>HLC 价值创造</td><td></td><td></td><td></td><td>0.500***</td><td>0.052</td><td>9.558***</td></tr>
<tr><td>效益主张</td><td></td><td></td><td></td><td>-0.127**</td><td>0.067</td><td>4.053**</td></tr>
<tr><td>交互</td><td></td><td></td><td></td><td>-0.101*</td><td>0.066</td><td>-2.653*</td></tr>
<tr><td colspan="2">R^2</td><td colspan="3">0.374</td><td colspan="3">0.377</td></tr>
<tr><td colspan="2">调整 R^2</td><td colspan="3">0.272</td><td colspan="3">0.272</td></tr>
<tr><td colspan="2">F 更改</td><td colspan="3">71.913***</td><td colspan="3">48.011***</td></tr>
<tr><td colspan="2">$\triangle R^2$</td><td colspan="3">0.157</td><td colspan="3">0.131***</td></tr>
</table>

因变量:能力信任;交互 = HLC 价值创造×效益主张

注:*** 表示在 0.001 水平上显著,** 表示在 0.01 水平上显著,* 表示在 0.1 水平上显著。

可以看出,效益主张对 HLC 价值创造和信任与承诺之间的关系发挥比较显著的负向调节作用。对情感信任而言,加入调节交互项后,HLC 价值创造的影响系数为 0.351***,效益主张的系数为 -0.134**,调节效应的系数为 -0.098*,对应 F 值改变量为 16.506***,$\triangle R^2$ 为 0.112**,回归结果支持了假设 7-1。

同时,假设 7-2 也得到支持,效益主张对 HLC 价值创造和能力信任之间的关系发挥比较显著的负向调节作用。加入交互项后,HLC 价值创造的影响系数为 0.500***,效益主张的系数为 -0.127**,调节效应的系数为 -0.101*,对应 F 值改变量为 48.011***,$\triangle R^2$ 为 0.131***。

如前所述，LSP 之间的横向物流协同有两个途径——"开源""节流"。"节流"指的是通过合作减少成本支出，"开源"指的是创造更多可供分配的价值。信任与承诺是企业之间的关系纽带，可以基于情感，也可以基于能力。虽然 LSP 进行横向物流协同的终极目标是"做大蛋糕"，共同满足更多的市场需求，但是在参与者实力有限的情况下，短视行为不可避免，因此，企业追求效益可能会以牺牲合作伙伴的利益为代价。在预见到这种可能性后，LSP 就会减少与合作伙伴之间的信任与承诺。从实证结果看，效益主张越强烈，企业对伙伴的信任与承诺程度越低。这也是 LSP 进行横向物流协同最大的风险，企业为了能多获利而做好了失信或被失信的准备，虽然相应的主动或被动承诺行为可能会削弱这种趋势，但效果并不明显。因此，LSP 之间的横向物流协同需要信息沟通机制来加大信息透明度，缓解由缺乏信任带来的机会主义风险，同时需要利益分配机制强化承诺结果。

三 效益主张对伙伴相似性中介关系的调节作用

（一）假设提出

在伙伴选择上，LSP 选择市场能力相似的竞争对手，就意味着会一起进入某个特定的市场，这会加大 HLC 中的竞争因素。而提升服务和应急能力最终也都指向企业市场竞争力的提高，相似的伙伴会加剧市场方面的竞争。因此，效益动机可能会造成企业不太愿意选择与自己具有相似性的合作伙伴。由此，提出假设。

假设 8：效益动机负向调节 HLC 价值创造和伙伴相似性之间的关系。

（二）效益主张对伙伴相似性中介关系的调节作用

效益主张对伙伴相似性中介关系的调节作用的模型检验结果，

见表 7-8。

表 7-8　效益主张对伙伴相似性中介关系的调节作用

模型	变量	M1 B	M1 S.E.	M1 t	M2 B	M2 S.E.	M2 t
S1	常量	4.025	0.063	77.571***			
S1	HLC 价值创造	0.662	0.064	10.395**			
S1	效益主张	-0.157	0.069	-3.918**			
S2	常量				4.006	0.072	55.620***
S2	HLC 价值创造				0.705**	0.079	8.879**
S2	效益主张				-0.28**	0.081	-3.399**
S2	交互				-0.071*	0.085	-2.901*
	R^2		0.370			0.375	
	调整 R^2		0.269			0.267	
	F 更改		47.692***			11.688**	
	$\triangle R^2$		0.270			0.268***	

因变量:伙伴相似性;交互 = HLC 价值创造 × 效益主张

注:*** 表示在 0.001 水平上显著,** 表示在 0.01 水平上显著,* 表示在 0.1 水平上显著。

可以看出,效益主张对 HLC 价值创造和伙伴相似性之间的关系发挥显著的负向调节作用,加入交互项后,横向物流协同的影响系数为 0.705**,效益主张的系数为 -0.28**,调节效应的系数为 -0.071*;相应地,F 值改变量为 11.688**,$\triangle R^2$ 为 0.268***,回归结果支持了假设 8。

原因可能如 Raue 和 Wallenburg(2013)所言,企业在进行横向物流协同的伙伴选择时,受到了协同范围的影响。当企业以追求效益为动机时，要考虑能够实现多方面的提升，希望能够提升服务，扩大市场，并提高应急处理能力，多重动机会推动企业进行更广泛的合作。这意味着企业会大量参与多项业务功能，而这势必会增加业务处理的复杂性。进行横向物流协同的 LSP 相似性越高，进行直接业务竞争的可能性就越大，必须应对的外部变化性就越大，企业需要防范的机会主义行为就越多，这会降低企业选择与自己具有相似性的伙伴的意愿，促使企业选择不相同的伙伴进行横向物流协同。

与已有研究相比较，本章有两个不同之处。

一方面，本章细化了 LSP 进行横向物流协同的联合价值主张，将其分别命名为"成本主张"和"效益主张"，因为两者之间负相关，也就使本研究与其他许多已有研究不同。已有研究或者笼统地提出横向物流协同的联合价值主张会促进绩效的提升（Leitner 等，2011；Rivera 等，2014；Sheffi 等，2019；Badraoui 等，2022）；或者仅将某一项作为动机进行单独研究，比如，获取收益（Rodrigues 和 Irina，2015；Pomponi 等，2015）、市场地位提升（Cruijssen，2020）、获取金融投资（Badraoui，2022）、降低碳排放量（Karam 等，2021b）、获得创新灵感与能力（Sheffi 等，2019）等对横向物流协同活动的促进作用；或者提出企业会按照不同联合价值主张选择与不同信任程度的不同合作伙伴展开不同形式的合作（Lyons 等，2012），却没有注意到企业进行横 HLC 的联合价值主张和意愿本身可能存在"二律背反"，相互牵制，因此未对其进行明确的区分。

另一方面，本章分别对比了"成本主张"和"效益主张"对"HLC 价值创造→信任与承诺→绩效提升"和"HLC 价值创造→伙伴相似性→绩效提升"两个中介关系的调节作用。Stephen（2006）和 Saenz 等（2015）虽然注意到竞争对手之间的物流合作绩效受成本减少和效益增加的价值主张的反向影响，但研究仅限于不同合作伙伴（相似还是互补）

能带来的不同方面的绩效提升，两者都没有进一步将价值主张进行区分，比较它们的影响效应，也未考虑伙伴之间的信任与承诺的影响。Stephen（2006）只提出横向物流协同有可能在成本和效益明显可衡量的情况下进行，Saenz 等（2015）则建议企业依据不同的协同目的选择不同的伙伴。换言之，他们认同不同联合价值主张会影响不同的横向物流协同所做的选择，以及带来的绩效提升，却未将绩效设置为统一测量标准进行衡量和比较，本章做了这个尝试，也得到了相应的结果："成本主张"正向显著调节情感信任的中介作用，正向调节能力信任的中介作用，但不显著。正向显著调节伙伴相似性的中介作用。同时"效益主张"对信任与承诺和伙伴相似性的中介作用均发挥负向显著调节作用。

小　结

本章研究了 LSP 进行横向物流协同的联合价值主张对"HLC 价值创造→信任与承诺→绩效提升"和"HLC 价值创造→伙伴相似性→绩效提升"中介关系的调节作用。

实证研究发现，企业进行 HLC 的联合价值主张可以被分为"成本主张"和"效益主张"。两者之间负相关，符合"二律背反"原则，前者代表企业希望通过横向物流协同实现成本降低的愿望，后者代表企业对扩大市场、提升服务水平和提高应急能力的希望。研究结果表明，"成本动机"正向调节信任与承诺和伙伴相似性对 HLC 价值创造和绩效提升的中介作用，"效益动机"则负向调节中介关系。

第八章 结论与展望

第一节 研究结论

本书基于交易成本经济学和社会资本理论,采取了理论研究、质性研究与实证检验相结合的方式,围绕 LSP 之间的横向物流协同,以甘肃、青海、宁夏、陕西、四川、重庆 6 个省份的 25 个大型物流集群(包括但不限于物流中心、经济开发区、工业园区、大型货物集散中心等)内部以及周边专业物流企业为主要研究对象,分析了地处中国西部的 LSP 之间进行横向物流协同的联合价值主张、价值创造方式、绩效提升、信任与承诺和伙伴选择机制以及它们之间的关系。

通过前几章的阐述和论证,逐步回答了五个问题,得到四个结论。

互为竞争者的物流服务提供商会与同行进行合作吗,为什么?

横向物流协同能为物流服务提供商带来何种利益?

促进横向物流协同成功的运作治理机制有哪些?

企业的联合价值主张在横向物流协同中发挥怎样的作用?

物流集群能为企业的横向物流协同带来什么影响?

利用扎根研究和实证分析,得到了以下结论。

结论一:互为竞争者的物流服务提供商会与同行进行合作。除了考虑内外部支持因素和基础条件外，追求自身提升是主要原因，直接体现为"降本增效"。

在对"协同"的各种英文表达词汇进行对比分析后，本书确定"collaboration"作为关键词，因为它包含的内容最丰富，涵盖性最强，需要进行更加紧密的整合。对横向物流协同的已有研究表明，互为竞争者的 LSP 会与同行进行横向物流协同，联合价值主张对此做出了目的声明。图 2-5 所示的因素层级模型表明了其一般价值主张，说明了 LSP 对基础条件、外部支持、内部支持、自身提升等因素的考虑，四者分别代表企业对基础设施和设备条件、市场和合作伙伴、自身拥有的协同管理控制能力与运作方式，以及协同带来的自身提升潜力等方面的思考。价值提升是 LSP 进行横向物流协同的核心价值主张。通过对 41 位专家、学者、企业家和官员进行的深度访谈资料的程序化扎根，构建出由降低成本、扩大市场、提升服务、应急能力共同构成的核心价值主张模型，提出 LSP 进行横向物流协同的主要原因是追求成本、市场、服务和应急能力等综合竞争力的提升，以此作为后续协同动机的实证基础。

结论二：LSP 之间的横向物流协同能显著带来企业绩效的提升，物流集群能为此创造更好的环境。

中国情景下，LSP 主要通过四种方式创造协同价值：资源共享、仓储协同、运输协同和信息共享，它们分别代表 LSP 对有形与无形资源的共享和协同。这种协同带来企业的"绩效提升"，"有效协同"和"协同成功率""关系持续时间"分别对整体和个体的协同水平进行了主客观测量和评价。对 801 个 LSP 样本的实证研究表明，LSP 之间的横向物流协同带来显著的绩效提升。同时，801 个样本被分为两个群组（699 个 LSP 位于物流集群内部或周边，102 个远离物流集群），进行的对比分析表明地处物流集群内部的 LSP 更容易通过横向物流协同获得绩效提升。原因可能在于，物流集群能够为企业带来深度的文化认同和通用的基础设施条件。

结论三：关系治理机制、联合关系努力、信息沟通和价值共享机制，会共同推动 HLC 成功。

HLC 是典型的竞合行为，由价值创造和价值利用共同推动，企业通过合作创造价值，通过竞争利用价值。对已有研究的深入分析表明，适当的治理机制为避免风险、提高合作绩效和创新改进奠定了基础，并推动其成功。其中，关系治理机制奠定了伙伴之间良好合作关系的基础，由信任与承诺机制和伙伴选择机制构成。信任与承诺通过促进对每个合作伙伴的使命、原则和价值观的相互理解，促进了横向合作关系的产生，而伙伴选择是维系关系存续的力量。联合关系努力表现为合同和计划，是协同成功的正式治理机制和基础，由信息技术、信息共享和信息沟通模式共同构成。信息沟通机制是推进企业合作进行价值创造的方式。而价值共享机制则是企业利用竞争实现价值最大化和最优化的保障，受到效率、理性和稳定性的约束，学者已经针对 HLC 建立了诸多特别的分配方法。

本书主要针对关系治理机制进行实证分析，发现信任与承诺机制和伙伴选择机制都在横向物流协同和绩效提升之间的正向关系中发挥显著的中介作用。其中，信任与承诺可以分为情感信任和能力信任两种，伙伴选择则表现为对伙伴在文化、能力和市场等方面的相似性的考量。因此，LSP 进行横向物流协同时，更倾向于与信任与承诺程度高的企业合作，也更倾向于选择与自己的相似性高的伙伴来提高协同绩效。

结论四：LSP 进行横向物流协同的联合价值主张调节信任与承诺，以及伙伴相似性对 HLC 价值创造带来的绩效提升的中介效应。

LSP 的联合价值主张之间存在反向关联：降低成本构成"成本主张"，与提升服务、扩大市场、应急反应共同构成的"效益主张"之间存在"二律背反"的关系。研究发现，中国 LSP 的成本主张正向调节

"HLC 价值创造→信任与承诺→绩效提升"中的前段关系，对情感信任作用显著，对能力信任作用不显著；正向显著调节"HLC 价值创造→伙伴相似性→绩效提升"中的前段关系。同时，效益主张分别负向显著调节"HLC 价值创造→信任与承诺"和"HLC 价值创造→伙伴相似性"的前段关系。

第二节 研究不足与展望

物流业是中国的基础性、战略性产业，但中国物流业总体发展水平不高，主要表现为物流成本高、整体效率低、亟待转型升级。在中国经济新常态发展背景下，如何提高物流协同运作的质量和效率，促进物流成本不断降低，成为物流业健康发展的关键。以资源节约、互补、共享为基础的 HLC 也将成为推动中国物流产业发展的主要途径。

本书虽然将理论研究、质性分析和实证分析结合起来，力图尽可能全面地解释中国 LSP 之间进行 HLC 的过程和机制，但受到已有研究基础、理论积累深度和广度以及学术能力的限制，仍然存在诸多不足之处，有待进一步完善提高。具体包括以下几方面。

第一，本书在综述部分分析了促进企业进行 HLC 成功的四大协同运作机制：关系治理机制、联合关系努力、信息沟通机制和价值共享机制，这四大机制从不同角度影响企业横向物流协同带来的绩效提升效果。但实证部分仅对关系治理机制（信任、承诺与伙伴选择）的影响做了研究；且因为伙伴选择机制涉及内容甚广，仅就伙伴匹配性的影响做了研究，构建为"伙伴相似性"并检验了其对横向物流协同和绩效提升之间关系的中介效应。受篇幅所限，并未对其他效应和机制进行研究。

未来，可以进一步深入研究联合关系努力、信息沟通机制和价值共享机制在横向物流协同过程中发挥的作用和影响，以期更加全面准确地解读促进企业进行 HLC 成功的推动力，帮助企业提升成功率。

第二，鉴于数据资料的可得性，本书的主要研究对象均地处中国西部，数据以甘肃、青海、宁夏、陕西、四川、重庆 6 个省份的 25 个大型物流集群（包括但不限于物流中心、经济开发区、工业园区、大型货物集散中心等）内部以及周边专业物流企业为主，虽然作者通过各种途径尽量扩大样本量，但力量有限，预调研和正式调研分别只收取到 169 个和 926 个合格样本，其中 125 个企业选择不进行（或未进行）协同。虽然符合 SEM 对样本数量的要求，但仍然偏少，且普适性略显不足。

未来，可以通过调研其他省份或地区的情况，提高普适性，并进行区域对比，解释区域经济发展的影响力。进一步地，还可以针对不进行横向物流协同的企业开展调研和访谈，深究原因，找到阻碍 HLC 的原因，并分析解决办法。

第三，本书借助成熟量表建立了"协同成功率""关系持续时间""有效协同"三个指标来衡量企业通过 HLC 获得的"绩效提升"。"协同成功率"是对绩效的整体衡量，"关系持续时间"和"有效协同"用来评估个别协同水平。"有效协同"考量了合作伙伴对协同绩效实现水平的主观判断，"协同成功率"和"关系持续时间"是合作伙伴对协同绩效实现情况的客观考察。但变量总体上缺乏能够捕捉合作伙伴绩效提升的直接财务数据。未来，可以向这一方面努力。

第三节　对策与建议

本书针对中国 6 个省份的 LSP 展开研究，发现互为同行的 LSP 有意愿进行不同形式的横向物流协同，这能够促进企业的绩效提升，这种关系受到信任与承诺和伙伴相似性的中介作用，中介关系又受到不同的联合价值主张的调节作用。针对研究结论，提出以下对策与建议。

第一，政府和行业协会多管齐下，营造良好氛围，推动 LSP 进行横向物流协同。

企业的物流活动和业务会受到政府政策和行业发展建议的极大影响。政府和行业协会应该大力营造积极氛围，建立良好的合作环境，用合理政策和措施鼓励 LSP 进行横向物流协同。

首先，合理规划并做好基础设施的建设，推进大型物流集群的形成和发展；提供政策便利，鼓励和吸引各类与物流业密切相关的行业中各种规模的企业入驻物流集群；不断完善商业、维护维修、停车住宿等配套服务设施，推动物流集群产生正向循环，打造良好合作环境。其次，政府进一步进行角色分工和转换，特别是在智慧物流平台发展上。一方面，明确"建设智慧平台"和"使用智慧平台"的不同，提供专项资金支持，鼓励企业自行开发建设各级智慧物流平台，帮助物流业完善大数据系统；另一方面，在平台使用上，进一步鼓励区块链、大数据、AI 等先进技术的推广和使用，独立或与企业合作进行信息真实性和商业机密保护的监督，借助区块链从结构、资源和心理赋能的角度，推进区块链嵌入 LSP 的合作过程，达到去中心化、整合资源和提高协同公信力的目的。最后，政府、行业协会尽快建立物流服务企业信用评价体系，在行业内建立"白名单""黑名单"，帮助企业提高进行伙伴选择时的信息透明度，同时加大对投机行为的惩罚力度，杜绝不诚信行为。

第二，LSP"出城入园"，以最大限度获取物流集群带来的经济性。

研究发现，地处竞争对手集中的物流集群内部的 LSP 更容易获得横向物流协同带来的绩效提升。在全国物流"出城入园"趋势之下，LSP 应顺势而为，入驻物流集群（园区），在最大限度上享受政策优惠与政府支持，抓住集群所营造的良好协同环境，同时受益于其所带来的规模经济、范围经济和密度经济，应对环境不确定性导致的市场波动。

事实上，在中国，大多数具有较大规模和影响力的物流集群（园区）都位于城市主城区之外。它们所处区域交通便利、土地租金较低，符合物流企业业务发展的基本要求。而且，物流集群并不限定于传统物流园区的有形围墙之内，可能是一个规模和影响力极大的物流（工业）园区或经济开发区，也可能是若干个规模较小但距离靠近的物流园区，它们之间的空间地理临近，企业间业务往来密切，物流服务功能集中，既能为入驻其中的 LSP 带来更多的集聚经济优势，又可以使 LSP 以更低的成本共享物流基础设施、设备，临近的空间又为物流合作提供了"知己知彼"的信任环境。就甘肃省而言，"出城入园"政策是兰州市政府基于对合理规划城市空间、缓解交通阻塞状况、治理空气污染、综合管理相关产业等考量，出台的鼓励各类企业离开主城区，进驻位于主城区经济运输里程范围内的集群的措施，对物流产业影响极大。2023 年，甘肃省委提出要"做强园区载体，以超常之力打造现代物流服务产业集群"，为 LSP 的横向物流协同创造了更好的环境。

第三，LSP 重新认识与竞争对手的关系，转变思想，通过横向物流协同获取更大的绩效提升空间。

LSP 应该重新认识与竞争对手的关系，转变观念，建立信任，强化承诺，积极地以各种灵活的形式与竞争对手进行横向物流协同以创造新的价值。企业可以通过对合作伙伴基于情感和能力的评价来缩小选择范围，亦可在附近的企业中选择合作伙伴，考虑与值得信赖的，采取实际保障行动的，与自己实力相当的企业进行协同谈判，选择灵活的成本分摊和利益分配方式，可以签订保障性合同，建立可行性计划，亦可以缴纳"诚信保证金"等方式来缓解对投机行为的担忧。大中型企业还应该在基础物流服务之外，尽可能为客户提供增值服务，在增加自身竞争优势的同时，创造更多的效益，通过横向物流协同获取更大的绩效提升。

第四，LSP 应该按照不同价值主张选择不同伙伴进行横向物流协同。

第八章　结论与展望

　　LSP 进行横向物流协同，最终目的是实现"降本增效"，这是他们的联合价值主张。但"降本"和"增效"具有天然的背反性，难以同步达成。LSP 在进行横向物流协同时，需要按照不同的主张做出不同的选择。

　　当企业追求通过协同实现"成本主张"时，可以选择具有较高信任程度（无论是出于主观情感还是根据客观能力判断），做出可行的承诺行为的同行。此时，成功的协同，需要在某些维度上具有相似特性的合作伙伴的共同努力。文化相似性能使企业对协同背景和条款、计划互相理解，加大对彼此的信任，降低投机行为的风险，减少因为沟通不畅带来的后期成本；能力相似性为企业提供了利益分配和成本分摊的公平性保证，企业能力越相似，相互依赖程度越均衡，成本分摊和利益分配就越能达到公平；市场相似性意味着企业之间具有相似的客户组合和服务网点分布，这增加了共用运输设施设备和共享仓储空间的可能性。

　　但当企业追求"效益主张"时，则可能做出一些相反的选择。在创造的总价值变化不大的前提下，企业要实现自身利益最大化，就可能会影响合作伙伴的收益。此时，机会主义行为发生的可能性增加。因此，企业可能会选择信任程度不高，但互补性极强的合作伙伴。文化互补性会带来多元化认知，能力互补性会避免"能力固化"的风险，市场互补性能防止现有客户被竞争对手吸引，避免潜在的机会主义威胁。

参考文献

［美］H. 伊戈尔·安索夫：《战略管理》，邵冲译，机械工业出版社 2010 年版。

［美］安德鲁·F. 海耶斯（Andrew F. Hayes）：《中介作用、调节作用和条件过程分析入门：基于回归的方法》，段小杰、唐小晴、程新峰译，社会科学文献出版社 2021 年版。

陈学明、王凤才：《西方马克思主义前沿问题二十讲》，复旦大学出版社 2008 年版。

段忠桥主编：《当代国外社会思潮》，中国人民大学出版社 2001 年版。

韩保江主编：《中国经济高质量发展报告（2020：践行共享发展理念）》，社会科学文献出版社 2020 年版。

凯西·卡麦兹：《建构扎根理论：质性研究实践指南》，边国英译，重庆大学出版社 2009 年版。

李丹：《基于产业集群的知识协同行为及管理机制研究》，法律出版社 2009 年版。

李琳：《多维邻近性与产业集群创新》，北京大学出版社 2014 年版。

马汀·奇达夫（Martin Kilduff）、蔡文彬（Wenpin Tsai）：《社会网络与组织》，王凤斌、朱超威等译，中国人民大学出版社 2007 年版。

吴明隆：《结构方程模型——AMOS 的操作与应用》，重庆大学出版社 2009 年版。

［美］尤西·谢菲（Yossi Sheffi）：《物流集群》，岑雪品、王微译，机械工业出版社 2015 年版。

曾刚等：《长江经济带协同发展的基础与谋略》，经济科学出版社 2014 年版。

张伟豪、徐茂洲、苏荣海编著：《与结构方程模型共舞：曙光初现》，厦门大学出版社 2020 年版。

张哲：《产业集群内企业的协同创新研究》，人民交通出版社 2011 年版。

陈超美：《CiteSpace Ⅱ：科学文献中新趋势与新动态的识别与可视化》，《情报学报》2009 年第 3 期。

陈悦等：《CiteSpace 知识图谱的方法论功能》，《科学学研究》2015 年第 2 期。

崔鑫等：《随机需求下生鲜电商供应链物流合作与运营决策》，《中国管理科学》2024 年第 2 期。

杜晓君等：《基于扎根理论的中国企业克服外来者劣势的边界跨越策略研究》，《管理科学》2015 年第 2 期。

杜志平等：《基于 4PL 的跨境电商物流联盟多方行为博弈研究》，《中国管理科学》2020 年第 8 期。

杜志平、区钰贤：《基于三方演化博弈的跨境物流联盟信息协同机制研究》，《中国管理科学》2023 年第 4 期。

范轶琳等：《基于扎根理论的集群共享性资源研究》，《软科学》2012 年第 7 期。

高素英等：《技术赋能视角下企业服务生态系统动态演化机理研究》，《科学学与科学技术管理》2021 年第 4 期。

海峰等：《物流集群的内涵与特征辨析》，《中国软科学》2016 年第 8 期。

黄璐：《基于承运商视角的横向协同物流研究》，《物流技术》2015 年第 3 期。

姜骞等：《物流集群共享性资源对物流企业动态能力的影响机理——价值共创的中介作用和齐美尔连接的调节作用》，《技术经济》2016 年第 9 期。

李华强等：《基于承运人横向合作的运输企业联盟绩效》，《长安大学学报》（自然科学版）2018 年第 5 期。

刘建国：《多经销商竞争的整车物流联合运输策略》，《中国管理科学》2011 年第 5 期。

刘念等：《服务供应链整合战略演进与服务创新能力升级》，《科学学研究》2020 年第 1 期。

刘艳秋等：《部分联合运输策略下的物流车辆路径优化问题研究》，《运筹与管理》2018 年第 8 期。

刘宗沅、骆温平：《物流平台生态合作的价值创造影响因素与实现路径》，《商业经济与管理》2022 年第 12 期。

芦彩梅、徐天强：《国际产业集群研究知识图谱分析》，《科技管理研究》2015 年第 18 期。

石岿然等：《平台介入的多物流服务提供商合作模式研究》，《中国管理科学》2017 年第 4 期。

苏菊宁、陈菊红：《供应链物流合作伙伴选择的多层次灰色评价方法》，《运筹与管理》2006 年第 3 期。

苏昕等：《服务型制造价值共创机理与实现路径研究——基于服务生态系统视角》，《宏观经济研究》2021 年第 1 期。

孙彩虹等：《跨国双向供应链物流合作模型分析》，《中国管理科学》

2022 年第 6 期。

孙凤娇等：《服务生态系统价值共创单元的共生演化模型》，《计算机集成制造系统》2022 年第 5 期。

孙志忠、张晓燕：《基于扎根理论的物流产业核心竞争力构成研究》，《宁夏大学学报》（人文社会科学版）2014 年第 3 期。

王昊等：《服务生态系统利益相关者价值共创分析框架研究》，《软科学》2021 年第 3 期。

王璐、高鹏：《扎根理论及其在管理学研究中的应用问题探讨》，《外国经济与管理》2010 年第 12 期。

王晓玉等：《企业的物流协同能力量表开发及其对市场导向与绩效关系的影响研究》，《管理科学》2018 年第 5 期。

魏冉、刘春红：《物流服务生态系统价值共创制度机制研究——基于菜鸟网络系统案例分析》，《管理学刊》2022 年第 2 期。

谢磊等：《供应物流协同影响机制实证分析》，《科研管理》2014 年第 3 期。

徐小峰等：《整合逆向物流协同配送动态路径优化问题研究》，《管理科学学报》2021 年第 10 期。

杨金海：《美国奥尔曼教授谈异化问题》，《国外理论动态》1995 年第 7 期。

曾银莲等：《随机需求环境下零担货物运输合作》，《管理科学学报》2015 年第 7 期。

张洪等：《价值共创研究述评：文献计量分析及知识体系构建》，《科研管理》2021 年第 12 期。

张培、杨迎：《服务生态系统视角下多主体参与的服务创新过程》，《科研管理》2020 年第 8 期。

张晓燕等：《"物流集群"研究的奠基者、范式和主题——基于 WOS 期刊文献的共被引分析》，《宁夏大学学报》（人文社会科学版）2016 年第 5 期。

张晓燕、海峰：《相似还是不同？伙伴相似性在横向运输协同的中介效应研究》，《商业经济与管理》2018 年第 1 期。

张玉春等：《企业集群环境下供应链快速响应能力影响因素研究——基于扎根理论》，《兰州大学学报》（社会科学版）2013 年第 1 期。

李俊松：《基于 Holon 的承运者协同运输研究》，博士学位论文，浙江大学，2020 年。

李喆：《基于资产专用性的物流集群间协同模式与机制研究》，博士学位论文，武汉大学，2013 年。

刘大鹏：《物流化背景下的货物运输联盟合作与博弈研究》，博士学位论文，中南大学，2010 年。

刘璠：《第四方物流企业协同运作研究》，博士学位论文，武汉理工大学，2009 年。

刘燕琪：《服务生态系统视角下企业操作性资源能力对竞争优势的作用机制研究》，博士学位论文，吉林大学，2021 年。

苏江省：《运输联盟企业合作伙伴选择及定价策略研究》，硕士学位论文，兰州交通大学，2019 年。

唐建民：《物流联盟协同机制研究》，博士学位论文，中南大学，2010 年。

文海旭：《基于集群理论的中国物流产业发展战略》，硕士学位论文，武汉大学，2005 年。

《国务院办公厅转发国家发展改革委交通运输部关于进一步降低物流成本实施意见的通知》，https：//www. gov. cn/gongbao/content/2020/

content_ 5519944. htm。

《国务院关于印发物流业发展中长期规划（2014—2020 年）的通知》，https：//www. gov. cn/zhengce/zhengceku/2014 - 10/04/content_ 9120. htm。

《交通运输部关于印发《综合运输服务"十四五"发展规划》的通知》，https：//www. gov. cn/zhengce/zhengceku/2021 - 11/18/content_ 5651656. htm。

艾瑞数智：《2020 年中国人工智能 + 物流发展研究报告》，https：//baijiahao.

baidu. com/s？id = 1671821578780302106&wfr = spider&for = pc。

德勤：《中国物流产业投资促进报告 2015—2016》，https：//www2. deloitte. com/cn/zh/pages/consumer - industrial - products/articles/cip - logistics - industry - report - 2015 - 2016. html。

中国物流与采购联合会：《2021 年物流运行情况分析及 2022 年展望》，http：//www. chinawuliu. com. cn/xsyj/202202/09/570357. shtml。

ALICE, *Recommendations to 2020 Work Programs 2018 - 2020*, Amsterdam: ALICE.

Bahrami K., *Horizontal Transport Logistics Cooperations: Synergy Potential for Manufacturers of Short - Lived Consumer Goods*, Deutscher, Universitats - Verlag, 2003.

Charmaz K., *Reconstructing Grounded Theory*, The SAGE handbook of Social Research Methods, 2008.

Cruijssen F., "Logistics Developments Impacting Horizontal Collaboration", in *Cross - Chain Collaboration in Logistics*, International Series in Operations Research & Management Science, Springer, Cham, 2020.

David Baldwin ed., *Neorealism and Neoliberalism: The Contemporary De-*

bate, New York: Columbia University Press, 1993.

Erdmann M., *Consolidation Potentials of Freight Forwarding Cooperations: A Simulation – Based Analysis*, Deutscher: Universitäts – Verlag, 1999.

Gary M. K., *Cluster Requiem and the Rise of Cumulative Growth Theory*, The University of North Carolina at Charlotte, 2014.

Gomber P., Schmidt C., Weinhardt C., *Efficiency and Incentives in Mas Co – ordination*, European Conference on Information Systems, Cork, UK. 1997.

Hayes N.: *Doing Psychological Research*, McGraw – Hill Education (UK), 2021.

Hair J. F. Jr, Matthews L. M., Matthews R. L., Sarstedt M., *PLS – SEM or CB – SEM: Updated Guidelines on which Method to Use*, Online Publication Date: October 31, 2017.

Hezarkhani B., Slikker M., Woensel T. V., *Collaboration in Transport and Logistics Networks*, Springer Books, 2021.

Ivan T. Boskov, *Russian Foreign Policy Motivations*, MEMO, 1993.

Klause Knorr and James N. Rosenau, eds, *Contending Approaches to International Politics*, Princeton NJ: Princeton University Press, 1969.

Kleer M., *Design of Cooperation between Industrial and Logistics Companies, Results of Theoretical and Empirical Studies*, Berlin, 1991.

Lyons A. C., Mondragon, Piller F., *Network Collaboration: Vertical and Horizontal Partnerships*, *Customer – Driven Supply Chains*, Springer London, 2012.

MacKinnon J. G., *Bootstrap Hypothesis Testing*, Handbook of Computational Econometrics, 2009.

Morgan T. R., Richey R. G., *Developing a Returns Competency: The Influ-

ence of Collaboration and Information Technology, Springer International Publishing, 2016.

Ouhader H., Kyal M. E., "Analysis of Partner Selection Problem in Horizontal Collaboration among Shippers", International Conference on Computational Logistics, Springer, Cham, 2017.

Palander T., Malinen J., Kärhä K., "Collaborative Railway Transportation Strategy to Increasing Imports of Russian Wood for the Finnish Forest Energy Industry", *Handbook of Bioenergy*, Springer International Publishing, 2015.

Pekkarinen O., *Northwest Russian Transport Logistics Cluster: Finnish Perspective*, Northern Dimension Research Centre Publication, 2005.

Rieck J., *Tour Planning of Medium-sized Forwarding Companies - Models and Methods*, Gabler, Wiesbaden, 2008.

Saenz M. J., Ubaghs E., Cuevas A. I., *Enabling Horizontal Collaboration through Continuous Relational Learning*, Springerbriefs in Operations Research, 2015.

Sarker S., Sarker S., Sahaym A., et al., "Exploring Value Cocreation in Relationships between an ERP Vendor and its Partners: A Revelatory Case Study", MIS Quarterly, 2012.

Shah C., *Collaborative Information Seeking: The Art and Science of Making the Whole Greater than the Sum of All*, Springer Publishing Company, Incorporated, 2012.

Sheffi Y., *Logistics Cluster: Delivering Value and Driving Growth*, MIT Press, 2012.

Techane B., *Integration of Logistics Network in Local Food Supply Chains*, Swedish University of Agricultural Sciences, 2013.

Teece D., Pisano G., Shuen A., Dosi G., Nelson, eds., "Dynamic Capabilities and Strategic Management", *The Nature and Dynamics of Organisational Capabilities*, Oxford University Press, 2000.

Venables A., Gasiorek M., "Evaluating Regional Infrastructure: A Computable Equilibrium Approach in Study of the Socio – economic Impact of the Projects Financed by the Cohesion Fund—A Modelling Approach ", European Commission, Luxembourg, 1999.

Wang X., Kopfer H., *Dynamic Collaborative Transportation Planning: A Rolling Horizon Planning Approach*, *Computational Logistics*, Springer Berlin Heidelberg, 2013.

Williamson O., *Transaction Cost Economics*, Edward Elgar, 1995.

Zhu J., "Logistics Horizontal Collaboration an Agent – Based Simulation Approach to Model Collaboration Dynamics", Lancaster University Management School, 2016.

Adenso – Díaz B., Lozano S., Garcia – Carbajal., "Assessing Partnership Savings in Horizontal Cooperation by Planning Linked Deliveries", *Transportation Research Part A: Policy & Practice*, No. 66, 2014.

Adenso – Díaz B., Lozano S., Moreno, "Analysis of the Synergies of Merging Multi – Company Transportation Needs", *Transportmetrica*, Vol. 10, No. 6, 2014.

Adrian S. H., F. Javier, Patrick H., et al., "Agent – Based Simulation for Horizontal Cooperation in Logistics and Transportation: From the Individual to the Grand Coalition", *Simulation Modelling Practice and Theory*, No. 85, 2018.

Agarwal R., Özlem E., Houghtalen L., *Collaboration in Cargo Transportation*, *Optimization and Logistics Challenges in the Enterprise*, No. 30,

2009.

Aloui A., Hamani N., Derrouiche R., et al., "Systematic Literature Review on Collaborative Sustainable Transportation: Overview, Analysis and Perspectives", *Transportation Research Interdisciplinary Perspectives*, No. 9, 2021.

Ankersmit S., Rezaei J., Tavasszy L., "The Potential of Horizontal Collaboration in Airport Ground Freight Services", *Journal of Air Transport Management*, No. 40, 2014.

Ariño A., "Measures of Strategic Alliance Performance: An Analysis of Construct Validity", *Journal of International Business Studies*, No. 34, 2003.

Audy J. F., Amours S., Rousseau L. M., "Cost Allocation in the Establishment of a Collaborative Transportation Agreement—An Application in the Furniture Industry", *Journal of the Operational Research Society*, No. 6, 2011.

Audy J. F., Amours S., "Impact of Benefit Sharing among Companies in the Implantation of a Collaborative Transportation System – An Application in the Furniture Industry", *International Federation for Information Processing*, No. 283, 2008.

Awasthi A., Adetiloye T., Crainic T. G., "Collaboration Partner Selection for City Logistics Planning under Municipal Freight Regulations", *Applied Mathematical Modelling*, No. 40, 2016.

Axelrod R., Hamilton W. D., "The Evolution of Behavior", *Journal of the Experimental Analysis of Behavior*, No. 2, 1984.

Badraoui I., Boulaksil Y., Van der Vorst, Jack G. A. J., "A Typology of Horizontal Logistics Collaboration Concepts: An Illustrative Case Study from Agri–Food Supply Chains", *Benchmarking*, No. 4, 2022.

Badraoui I., Van der Vorst, Jack G. A. J., Boulaksil Y., "Horizontal Logistics Collaboration: An Exploratory Study in Morocco's Agri - Food Supply Chains", *International Journal of Logistics*, No. 1, 2019.

Bahinipati B. K., Kanda A., Deshmukh S. G., "Horizontal Collaboration in Semiconductor Manufacturing Industry Supply Chain: An Evaluation of Collaboration Intensity Index", *Computers & Industrial Engineering*, No. 3, 2009.

Bahrami K., "Improving Supply Chain Productivity through Horizontal Cooperation—The Case of Consumer Goods Manufacturers", *Cost Management in Supply Chains*, No. 3, 2002.

Bai Y. P., Brien, "The Strategic Motives Behind Firm's Engagement in Cooperative Research and Development a New Explanation from Four Theoretical Perspectives", *Journal of Modelling in Management*, No. 2, 2008.

Baron R. M., Kenny D. A., "The Moderator - Mediator Variable Distinction in Social Psychological Research: Conceptual, Strategic, and Statistical Considerations", *Journal of Personality & Social Psychology*, No. 6, 1986.

Barratt M., Oliveira A., "Exploring the Experiences of Collaborative Planning Initiatives", *International Journal of Physical Distribution & Logistics Management*, No. 4, 2001.

Baron, R. M. & Kenny, D. A., "The Moderator - Mediator Variable Distinction in Social Psychological Research: Conceptual, Strategic, and Statistical Considerations", *Journal of Personality and Social Psychology*, Vol. 51, No. 6, 1986.

Basso F., Basso L. J., Rnnqvist M., et al., "Coalition Formation in Collaborative Production and Transportation with Competing Firms", *European Journal of Operational Research*, No. 289, 2021.

Bean W. L., Joubert J. W., "An Agent – Based Implementation of Freight Receiver and Carrier Collaboration with Dost Sharing", *Transportation Research Interdisciplinary Perspectives*, No. 4, 2021.

Belderbos R., Carree M., Lokshin B., "Cooperative R&D and Firm Performance", *Research Policy*, No. 10, 2004.

Bengtsson M., Eriksson J., Wincent J., "Co – Opetition Dynamics – An outline for Further Inquiry", *Competitiveness Review*, No. 2, 2010.

Bengtsson M., Sören K., "Cooperation and Competition in Relationships between Competitors in Business Networks", *Journal of Business & Industrial Marketing*, No. 3, 2000.

Berlin D., Feldmann A., and Nuur C., "Supply Network Collaborations in a Circular Economy: A Case Study of Swedish Steel Recycling", *Resour Conserv Recycl*, No. 179, 2022.

Bouncken R. B., Gast J., Kraus S., "Coopetition: A Systematic Review, Synthesis, and Future Research Directions", *Review of Managerial Science*, No. 3, 2015.

Brekalo L., Albers S., Delfmann W., "Logistics Alliance Management Capabilities: Where are They?", *International Journal of Physical Distribution & Logistics Management*, No. 7, 2013.

Buijs P., Wortmann J. C., "Joint Operational Decision – Making in Collaborative Transportation Networks: The Role of IT", *Supply Chain Management*, No. 2, 2014.

Burt R. S., "The Contingent Value of Social Capital", *Administrative Science Quarterly*, No. 2, 1997.

Caputo M., Mininno V., "Internal, Vertical and Horizontal Logistics Integration in Italian Grocery Distribution", *International Journal of Physical*

Distribution & Logistics Management, No. 9, 1996.

Carbone V., Stone M. A., "Growth and Relational Strategies Used by the European Logistics Service Providers: Rationale and Outcomes", *Transportation Research Part E: Logistics & Transportation Review*, No. 6, 2005.

Carter C. R., Easton P. L., "Sustainable Supply Chain Management: Evolution and Future Directions", *International Journal of Physical Distribution & Logistics Management*, No. 1, 2011.

Castaldi L., Turi C., Mazzoni C., "Antecedents and Constituents of Alliance Management Capability: The Role of Valuable Alliance Experience and Governance Mechanisms for Learning", *Journal of Management & Governance*, Vol. 19, No. 4, 2015.

Corbin J., Strauss A., "Techniques and Procedures for Developing Grounded Theory", *Basics of Qualitative Res*, No. 2, 2008.

Cruijssen F., Bräysy O., Dullaert W., "Joint Route Planning under Varying Market Conditions", *International Journal of Physical Distribution & Logistics Management*, No. 4, 2007.

Cruijssen F., Dullaert H., "Horizontal Cooperation in Transport and Logistics: A Literature Review", *Transportation Journal*, No. 2, 2007.

Cruz S., Teixeira A., "The Evolution of the Cluster Literature: Shedding Light on the Regional Studies", *Regional Studies*, No. 2, 2010.

Dai L., "Maximizing Cooperation in a Competitive Environment", *Advances in Competitiveness Research*, No. 18, 2010.

Darmawan A., Wong H., Thorstenson A., "Supply Chain Network Design with Coordinated Inventory Control", *Transportation Research Part E: Logistics and Transportation Review*, No. 145, 2021.

Daudi M., Hauge J. B., Thoben K. D., "Behavioral Factors Influencing

Partner Trust in Logistics Collaboration: A Review", *Logistics Research*, No. 1, 2016.

Daugherty P. J., "Review of Logistics and Supply Chain Relationship Literature and Suggested Research Agenda", *International Journal of Physical Distribution & Logistics Management*, No. 1, 2011.

Das, D., Altekar, N. V., & Head, K. L., "Priority – Based Traffic Signal Coordination System With Multi – Modal Priority and Vehicle Actuation in a Connected Vehicle Environment", *Transportation Research Record*, Vol. 2677, No. 5, 2023.

Defryn C., Vanovermeire C., Sörensen K., "Gain Sharing in Horizontal Logistic Co – Operation: A Case Study in the Fresh Fruit and Vegetables Sector", *Sustainable Logistics and Supply Chains*, No. 2, 2016.

Edwards J. R., Lambert L. S., "Methods for Integrating Moderation and Mediation: A General Analytical Framework Using Moderated Path Analysis", *Psychological Methods*, No. 1, 2007.

Ergun O., Kuyzu G., Savelsbergh M., "Reducing Truckload Transportation Costs Through Collaboration", *Transportation Science*, No. 2, 2007.

Fang X. P., Cao C., Chen Z. Y., "Using Mixed Methods to Design Service Quality Evaluation Indicator System of Railway Container Multimodal Transport", *Science Progress*, No. 1, 2020.

Fernie J., Mc Kinnon A., "The Grocery Supply Chain in the UK: Improving Efficiency in the Logistics Network", *International Review of Retail Distribution & Consumer Research*, No. 2, 2003.

Flisberg P., Frisk M., Rönnqvist M., "Potential Savings and Cost Allocations for Forest Fuel Transportation in Sweden: A Country – Wide Study", *Energy*, 2015.

Fornell C., Larcker D. F., "Evaluating Structural Equation Models with Unobservable and Measuremenr Error", *Journal of Marketing Research*, No. 34, 1981.

Franco B., Sophie D., Mikael R., et al., "A Survey on Obstacles and Difficulties of Practical Implementation of Horizontal Collaboration in Logistics", *International Transactions in Operational Research*, No. 26, 2019.

Frayret J. M., Amours S., Montreuil B., "Coordination and Control in Distributed and Agent – based Manufacturing Systems", *Production Planning & Control*, Vol. 15, No. 1, 2004.

Frisk M., Göthe – Lundgren M., Jörnsten K., "Cost Allocation in Collaborative Forest Transportation", *European Journal of Operational Research*, Vol. 205, No. 1, 2006.

Fulconis F., Paché G., "Between Innovation and Optimization: The Logistic Decision at the Crossroads", *Review Management And Future*, Vol. 48, No. 8, 2011.

Ghaderi H., Darestani S. A., Leman Z., et al., "Horizontal Collaboration in Logistics: A Feasible Task for Group Purchasing", *Int J Proc Manage*, Vol. 5, No. 1, 2012.

Grawe S. J., Daugherty P. J., Ralston P. M., "Enhancing Dyadic Performance through Boundary Spanners and Innovation: An Assessment of Service Provider – Customer Relationships", *Journal of Business Logistics*, Vol. 36, No. 1, 2015.

Granovetter M., "Economic Action and Social Structure: The Problem of Embeddedness", *American Journal of Sociology*, Vol. 91, No. 3, 1985.

Guajardo, Verónica E., Gomez R., Vannini Sara, "Information and Learning: Trust, Place, and Migration", Or Spectrum, Vol. 38, No. 1, 2016.

Gulati R., "Alliances and Networks", *Strategic Management Journal*, Vol. 19, No. 4, 1998.

Guo M. D., Li H., Lin W., "The Impact of Economic Growth, FDI, and Innovation on Environmental Efficiency of the Logistics Industry in Provinces Along the Belt and Road in China: An Empirical Study Based on the Panel Tobit Model", *Science Progress*, Vol. 104, No. 2, 2022.

Guo Y. H., Yu J. Y., Hamid Allaoui, Alok Choudhary, "Lateral Collaboration with Cost – Sharing in Sustainable Supply Chain Optimisation: A Combinatorial Framework", *Transportation Research Part E: Logistics and Transportation Review*, No. 15, 2022.

Hacardiaux T., Jean – Sébastien Tancrez, "Assessing the Benefits of Horizontal Cooperation for the Various Stages of the Supply Chain", *Operational Research*, No. 22, 2022.

Hageback C., Segerstedt A., "The Need for Co – Distribution in Rural Areas – a Study of Pajala in Sweden", *International Journal of Production Economics*, No. 2, 2004.

Hao X., and Li B., "Research on Collaborative Innovation among Enterprises in Green Supply Chain Based on Carbon Emission Trading", *Science Progress*, No. 2, 2020.

Henseler J., Dijkstra T. K., Sarstedt M., et al., "Common Beliefs and Reality about PLS: Comments on Rönkkö and Evermann (2013)", *Organizational Research Methods*, Vol. 17, No. 2, 2014.

Heuvel F. P. V. D., Langen P. W. D., Donselaar K. H. V., "Proximity Matters: Synergies through Co – Location of Logistics Establishments", *International Journal of Logistics Research and Applications*, Vol. 17, No. 5, 2014.

Hingley M., Lindgreen A., Grant D. B. and Kane C., "Using Fourth – party Logistics Management to Improve Horizontal Collaboration Among Grocery Retailers", *Supply Chain Management: An International Journal*, Vol. 16, No. 5, 2011.

Ho D., Kumar A., Shiwakoti N., "A Literature Review of Supply Chain Collaboration Mechanisms and Their Impact on Performance", *Engineering Management Journal*, No. 1, 2019.

Hoang H., Rothaermel F. T., "Leveraging Internal and External Experience: Exploration, Exploitation, and R&D Project Performance", *Strategic Management Journal*, Vol. 31, No. 7, 2010.

Hoang H., Rothaermel F., "The Effect of General and Partner – specific Alliance Experience on Joint R&D Project Performance", *Academy of Management Journal*, Vol. 48, No. 2, 2005.

Hofenk D., Schipper R., Semeijn J., et al., "The Influence of Contractual and Relational Factors on the Effectiveness of Third Party Logistics Relationships", *Journal of Purchasing and Supply Management*, Vol. 17, No. 3, 2011.

Huo B., "The Impact of Supply Chain Integration on Company Performance: An Organizational Capability Perspective", *Supply Chain Management: An international Journal*, Vol. 17, No. 6, 2012.

Jankowska B., Götz M., "Internationalization Intensity of Clusters and Their Impact on Firm Internationalization: The Case of Poland", *European Planning Studies*, Vol. 25, No. 6, 2017.

Jazairy A., Lenhardt J., Haartman R., "Improving Logistics Performance in Cross – Border 3PL Relationships", *International Journal of Logistics Research and Applications*, Vol. 20, No. 5, 2017.

Jouida S. B., Guajardo M., Klibi W., Krichen S., "Profit Maximizing Coalitions with Shared Capacities in Distribution Networks", *European Journal of Operational Research*, No. 2, 2021.

Kale P., Singh H., "Building Firm Capabilities through Learning: The Role of the Alliance Learning Process in Alliance Capability and Firm – Level Alliance Success", *Strategic Management Journal*, Vol. 28, No. 10, 2007.

Kale P., Singh H., "Managing Strategic Alliances: What do We, Know Now, and Where do We go from Here?", *Acadent Management Perspect*, Vol. 23, No. 3, 2009.

Karam A., Mohamed Husseinc, Kristian Hegner Reinaua, "Analysis of the Barriers to Implementing Horizontal Collaborative Transport Using a Hybrid Fuzzy Delphi – AHP Approach", *Journal of Cleaner Production*, No. 31, 2021.

Karam A., Reinau K. H., Østergaard C., "Horizontal Collaboration in the Freight Transport Sector: Barrier and Decision – Making Frameworks", *European Transport Research Review*, Vol. 13, No. 1, 2021.

Karl, Alexander, "What are the Success Factors of Horizontal Cooperation in Technical Wholesale Based upon a Medium – Sized Cooperation in Germany?", *Journal of Industrial Engineering & Engineering Management*, No. 13, 2014.

Kim C. S., Dinwoodie J., Roh S., "Developing Measurement Scales of Collaboration in Shipping Logistics", *International Journal of Logistics*, No. 2, 2020.

Kokol P., Kokol M. and Zagoranski S., "Machine Learning on Small Size Samples: A Synthetic Knowledge Synthesis", *Science Progress*, No. 1, 2022.

Kok‐Yee Ng, Soon A., "Personality and Leader Effectiveness: A Moderated Mediation Model of Leadership Self‐Efficacy, Job Demands, and Job Autonomy", *Journal of Applied Psychology*, No. 4, 2008.

Kor Y. Y., Misangyi V. F., "Outside Directors' Industry‐Specific Experience and Firms' Liability of Newness", *Strategic Management Journal*, Vol. 29, No. 12, 2008.

Krajewska M. A., Kopfer H., Laporte G., "Horizontal Cooperation among Freight Carriers: Request Allocation and Profit Sharing", *Journal of the Operational Research Society*, No. 11, 2008.

Kung C. C., Zheng B., Li H., Kung S. S., "The Development of Input‐Monitoring System on Biofuel Economics and Social Welfare Analysis", *Science Progress*, No. 3, 2022.

Lambert D., Emmelhainz M., Gardner J., "Building Successful Logistics Partnerships", *Journal of Business Logistics*, Vol. 20, No. 1, 1999.

Lazzeretti L., Sedita S. R., Caloffi A., "Founders and Disseminators of Cluster Research", *Journal of Economic Geography*, No. 1, 2014.

Larry H. K., "Event‐Based Short‐Term Traffic Flow Prediction Model", *Transportation Research Record*, Vol. 1510, 1995.

Lee H., Whang S., "Information Sharing in a Supply Chain", *International Journal of Technology Management*, No. 20, 2000.

Lehoux N., Audy J. F., Amours S., "Issues and Experiences in Logistics Collaboration", *Ifip Advances in Information & Communication Technology*, No. 3, 2009.

Leitner R., Meizer F., Prochazka M., "Structural Concepts for Horizontal Cooperation to Increase Efficiency in Logistics", *Cirp Journal of Manufacturing Science & Techndogy*, Vol. 4, No. 3, 2011.

Li L., "Information Sharing in a Supply Chain with Horizontal Competition", *Management Science*, Vol. 48, No. 9, 2002.

Lier T. V., Macharis C., "Sustainability SI: Bundling of Outbound Freight Flows: Analyzing the Potential of Internal Horizontal Collaboration to Improve Sustainability", *Networks and Spatial Economics*, Vol. 16, No. 1, 2016.

Lozano S., Adenso-Diaz B., Algaba E., "Cooperative Game Theory Approach to Allocating Benefits of Horizontal Cooperation", *European Journal of Operational Research*, Vol. 229, No. 2, 2013.

Luthra S., Sharma M., Kumar A., et al., "Overcoming Barriers to Cross-sector Collaboration in Circular Supply Chain Management: A Multi-Method Approach", *Transportation Research Part E: Logistics and Transportation Review*, No. 158, 2022.

Lydeka Z., Adomavicius B., "Cooperation among the Competitors in International Cargo Transportation Sector: Key Factors to Success", *Engineering Economic Journal*, Vol. 105, No. 1, 2007.

Ma H. L., Wang Z. X., Chan T. S., "How Important are Supply Chain Collaborative Factors in Supply Chain Finance? A View of Financial Service Providers in China", *International Journal of Production Economics*, No. 219, 2020.

Mac Kinnon, James G., "Bootstrap Hypothesis Testing", *Working Papers*, No. 4, 2007.

Maggi E., Mariotti I., "Logistics FDI in Italy: Integration Strategies and Motivations", *European Transport Research Review*, Vol. 2, No. 1, 2010.

Mancini S., Gansterer M., Hartl R. F., "The Collaborative Consistent Vehicle Routing Problem with Workload Balance", *European Journal of Oper-*

ational Research, No. 4, 2021.

Manuj I., Pohlen T. L., Dan F., "A Reviewer's Guide to the Grounded Theory Methodology in Logistics and Supply Chain Management Research", *International Journal of Physical Distribution & Logistics Management*, Vol. 42, No. 8/9, 2012.

Maria B., Eriksson J., Wincent J., "Co – Opetition Dynamics – an Outline for Further Inquiry", *Competitiveness Review*, Vol. 20, No. 2, 2010.

Martin J., Román C., "Hub Location in the South – Atlantic Airline Market: A Spatial Competition Game", *Transportation Research Part A: Policy and Practice*, Vol. 37, No. 1, 2003.

Martin N., Verdonck L., Caris A., et al. "Horizontal Collaboration in Logistics: decision framework and typology", *Operations Management Research*, No. 11, 2018.

Masahiko Aoki, "Horizontal vs. Vertical Information Structure of the Firm Source", *The American Economic Review*, Vol. 76, No. 5, 1986.

Mason A., Carpenter, Li M., Jiang H., "Social Network Research in Organizational Contexts: A Systematic Review of Methodological Issues and Choices", *Journal of Management*, Vol. 38, No. 4, 2012.

Mason R., Lalwani C., Boughton R., "Combining Vertical and Horizontal Collaboration for Transport Optimization", *Supply Chain Management*, Vol. 12, No. 3, 2007.

Massari G. F., Giannoccaro I., "Investigating the Effect of Horizontal Coopetition on Supply Chain Resilience in Complex and Turbulent Environments", *International Journal of Production Economics*, No. 5, 2021.

Matsuno K., Mentzer J. T., "The Effects of Strategy Type on the Market Orientation – Performance Relationship", *Journal of Marketing*, Vol. 64,

No. 4, 2013.

Mei, Cao, et al., "Supply Chain Collaboration: Impact on Collaborative Advantage and Firm Performance", *Journal of Operations Management*, Vol. 29, No. 3, 2011.

Mello J., Flint D., "A Refined View of Grounded Theory and its Application to Logistics Researc", *Journal of Business Logistics*, Vol. 30, No. 1, 2009.

Mentzer J., Foggin S., Golicic, "Collaboration : The Enablers, Impediments, and Enefits", *Supply Chain Management*, Vol. 4, No. 5, 2000.

Milgrom, Roberts J., "Complementarities and Fit: Strategy, Structure, and Organizational Change in Manufacturing", *Journal of Accounting & Economics*, Vol. 19, No. 2 - 3, 1995.

Montoyatorres J. R., Diego A., Ortiz Vargas, "Collaboration and Information Sharing in Dyadic Supply Chains: A Literature Review over the Period 2000 - 2012", *Estudios Gerenciales*, Vol. 30, No. 133, 2014.

Morgan J. Q., "The Role of Regional Industry Clusters in Urban Economic Development: An Analysis of Process and Performance", *Dissertation Abstracts International*, Vol. 65, No. 1, 2004.

Morice D., Jannicke, Klaus - Dieter, "Behavioral Factors Influencing Partner Trust in Logistics Collaboration: A Review", *Logistics Research*, Vol. 9, No. 1, 2016.

Mrabti N., Hamani N., Delahoche L., "A Comprehensive Literature Review on Sustainable Horizontal Collaboration", *Sustainability*, No. 14, 2022.

Nahapiet J., Ghoshal S., "Social Capital, Intellectual Capital and the Creation of Value in Firms", *Academy of Management Annual Meeting Proceedings*, No. 3, 1997.

Nooteboom B., "Governance and Competence: How Can They Be Combined?", *Cambridge Journal of Economics*, Vol. 28, No. 4, 2004.

Olorunniwo F. O., Li X., "Information Sharing and Collaboration Practices in Reverse Logistics", *Supply Chain Management*, Vol. 15, No. 6, 2010.

Ozer Mu., "A Moderated Mediation Model of the Relationship between Organizational Citizenship Behaviors and Job Performance", *Journal of Applied Psychology*, No. 6, 2011.

Padula G., Dagnino G. B., "Untangling the Rise of Coopetition: The Intrusion of Competition in a Cooperative Game Structure", *International Studies of Management & Organization*, Vol. 37, No. 2, 2007.

Palander T., "Applying Dynamic Multiple – objective Optimization in Inter – enterprise Collaboration to Improve the Efficiency of Energy Wood Transportation and Storage", *Scandinavian Journal of Forest Research*, Vol. 30, No. 4, 2015.

Palmieri A, Pomponi F., Russo A., "A Triple – Win Scenario for Horizontal Collaboration in Logistics: Determining Enabling and Key Success Factors", *Business Strategy and the Environment*, Vol. 28, No. 6, 2019.

Pan S., Trentesaux D., Ballot E., et al., "Horizontal Collaborative Transport: Survey of Solutions and Practical Implementation Issues", *Post – Print*, No. 57, 2019.

Pangarkar N., "Do Firms Learn from Alliance Terminations? An Empirical Examination", *Journal of Management Studies*, Vol. 46, No. 6, 2009.

Pangarkar N., Klein S., "The Impacts of Alliance Purpose and Partner Similarity on Alliance Governance", *British Journal of Management*, Vol. 12, No. 4, 2001.

Pérez – Bernabeu E., Juan A., Faulin J., "Horizontal Cooperation in Road Transportation: A Case Illustrating Savings in Distances and Greenhouse

Gas Emissions", *International Transactions in Operational Research*, Vol. 22, No. 3, 2015.

Petter R. R., Resende L., Junior P., "Systematic Review: An Analysis Model for Measuring the Coopetitive Performance in Horizontal Cooperation Networks Mapping the Critical Success Factors and Their Variables", *The Annals of Regional Science*, Vol. 53, No. 1, 2014.

Pfoser S., Kotzab H., and Bumler I., "Antecedents, Mechanisms and Effects of Synchromodal Freight Transport: A Conceptual Framework from a Systematic Literature Review", *International Journal of Physical Distribution & Logistics Management*, Vol. 33, No. 1, 2022.

Pomponi F., Fratocchi L., Tafuri S. R., "Trust Development and Horizontal Collaboration in Logistics: A Theory Based Evolutionary Framework", *Supply Chain Manage*, Vol. 20, No. 1, 2015.

Porter M., "Clusters and the New Economics of Competition", *Harvard Business Review*, Vol. 76, No. 6, 1998.

Prause G., "Sustainable Development of Logistics Clusters in Green Transport Corridors", *Journal of Security & Sustainability Issues*, Vol. 4, No. 1, 2014.

Preacher K. J., Rucker D. D., Hayes A. F., "Addressing Moderated Mediation Hypotheses: Theory, Methods, and Prescriptions", Multivariate Behavioral Research, Vol. 42, No. 1, 2007.

Raffaele, Stefano, "Synergy Management Pitfalls in Mergers and Acquisitions", *Management Decision*, Vol. 53, No. 7, 2015.

Raue J. S., Wallenburg C. M., "Alike or not? Partner Similarity and its Outcome in Horizontal Cooperations between Logistics Service Providers", *Logistics Research*, Vol. 6, No. 4, 2013.

Rivera L., Gligor D., Sheffi Y., "The Benefits of Logistics Clustering", *International Journal of Physical Distribution & Logistics Management*, Vol. 46, No. 3, 2016.

Rivera L., Sheffi Y., Welsch R., "Logistics Agglomeration in the Us", *Transportation Research Part A*, Vol. 59, No. 2, 2014.

Rodrigues V. S., Irina H. R., "Horizontal Logistics Collaboration for Enhanced Supply Chain Performance: An International Retail Perspective", *Supply Chain Management*, Vol. 20, No. 6, 2015.

Saeed N., "Cooperation among Freight Forwarders: Mode Choice and Intermodal Freight Transport", *Research in Transportation Economics*, Vol. 42, No. 1, 2013.

Saenz M. J., Gupta R., Makowski C., "Finding Profit in Horizontal Collaboration", *Supply Chain Management Review*, No. 3, 2017.

Sallnäs U., "Coordination to Manage Dependencies between Logistics Service Providers and Shippers", *International Journal of Physical Distribution & Logistics Management*, Vol. 46, No. 3, 2016.

Sandberg E., "Logistics Collaboration in Supply Chains: Practice vs. Theory", *International Journal of Logistics Management*, Vol. 18, No. 2, 2007.

Saxton T., "The Effects of Partner and Relationship Characteristics on Alliance Outcomes", *Academy of Management Journal*, Vol. 40, No. 2, 1997.

Schmoltzi C., Wallenburg C. M., "Horizontal Cooperations between Logistics Service Providers: Motives, Structure, Performance", *International Journal of Physical Distribution & Logistics Management*, Vol. 41, No. 6, 2011.

Schmoltzi C., Wallenburg C. M., "Operational Governance in Horizontal Cooperations of Logistics Service Providers: Performance Effects and the

Moderating Role of Cooperation Complexity", *Journal of Supply Chain Manage*, Vol. 48, No. 2, 2012.

Schreiner M., Kale, Corsten D., "What Really is Alliance Management Capability and How Does It Impact Alliance Outcomes and Success?", *Strategic Management Journal*, Vol. 10, No. 13, 2009.

Seo Y. J., Dinwoodie J., Roe M., "The Influence of Supply Chain Collaboration on Collaborative Advantage and Port Performance in Maritime Logistics", *International Journal of Logistics*, Vol. 19, No. 6, 2016.

Sheffi Y., Saenz M. J., Rivera L., et al., "New Forms of Partnership: The Role of Logistics Clusters in Facilitating Horizontal Collaboration Mechanisms", *European Plan Study*, No. 2, 2019.

Sheffi Y., "Logistics Intensive Clusters", *ÉPOCA*, Vol. 20, No. 2, 2010.

Singh J., "Collaborative Networks as Determinants of Knowledge Diffusion Patterns", *Management Science*, Vol. 51, No. 5, 2005.

Slikker M., Fransoo J., Wouters M., "Cooperation between Multiple News-Vendors with Transshipments", *European Journal of Operational Research*, Vol. 167, No. 2, 2005.

Sobel M. E., "Identification of Causal Parameters in Randomized Studies with Mediating Variables", *Journal of Educational and Behavioral Statistics*, Vol. 33, No. 1, 2008.

Solakivi T., Hofmann E., Juuso Töyli, et al., "The Performance of Logistics Service Providers and the Logistics Costs of Shippers: A Comparative Study of Finland and Switzerland", *International Journal of Logistics*, Vol. 21, No. 4, 2018.

Soysal M., Bloemhof-Ruwaard J. M., Haijema R., "Modeling a Green Inventory Routing Problem for Perishable Products with Horizontal Collaboration", *Computers & Operations Research*, 2016.

Stank T. P., Daugherty P. J., "The Impact of Operating Environment on the Formation of Cooperative Logistics Relationships", *Transportation Research Part E Logistics & Transportation Review*, Vol. 33, No. 1, 1997.

Stefansson G., "Collaborative Logistics Management and the Role of Third - party Service Providers", *International Journal of Physical Distribution & Logistics Management*, Vol. 36, No. 2, 2006.

Stephen Van Evera, "Primed for Peace: Europe after the Cold War", *International Security*, Vol. 15, No. 3, 1990/1991.

Stephens C., "Enablers and Inhibitors to Horizontal Collaboration between Competitors: An Investigation in UK Retail Supply Chains", *Cranfield University*, Vol. 35, No. 4, 2006.

Switala M., Klosa E., "The Determinants of Logistics Cooperation in the Supply Chain - selected Results of the Opinion Poll Within Logistics Service Providers and Their Customers", *Logforum*, Vol. 11, No. 4, 2015.

Switala M., "Enterprises' Readiness to Establish and Develop Collaboration in the Area of Logistics", *Logforum*, Vol. 12, No. 3, 2016.

Tsai W., Ghoshal S., "Social Capital and Value Creation: The Role of Intrafirm Networks", *Academy of Management Journal*, Vol. 41, No. 4, 1998.

Tyler R., Morgan, Chad W., Autry, "Developing a Reverse Logistics Competency: The Influence of Collaborationand Information Technology", *International Journal of Physical Distribution & Logistics Management*, Vol. 46, No. 3, 2016.

Uzzi B., "Embeddedness in the Making of Financial Capital: How Social Relations and Networks Benefit Frms Seeking Finance", *American Sociolog-*

ical Review, Vol. 64, No. 4, 1999.

Uzzi B., "Social Structure and Competition in Interfirm Networks: The Paradox of Embeddedness", *Administrative Science Quarterly*, Vol. 42, No. 1, 1997.

Vanovermeire C., Sörensen K., Breedam A. V., "Horizontal Logistics Collaboration: Decreasing Costs through Flexibility and an Adequate Cost Allocation Strategy", *International Journal of Logistics Research and Applications*, Vol. 17, No. 4, 2014.

Verdonck L., Caris A. N., Ramaekers K., "Collaborative Logistics from the Perspective of Road Transportation Companies", *Transport Reviews*, Vol. 33, No. 6, 2013.

Verdonck L., Patrick, et al., "Analysis of Collaborative Savings and Cost Allocation Techniques for the Cooperative Carrier Facility Location Problem", *Journal of the Operational Research Society*, Vol. 67, No. 6, 2017.

Verónica H., Villena, et al., "The Dark Side of Buyer – Supplier Relationships: A Social Capital Perspective", *Journal of Operations Management*, Vol. 29, No. 6, 2011.

Verstrepen, Sven, Cools, "A Dynamic Framework for Managing Horizontal Cooperation in Logistics", *International Journal of Logistics Systems & Management*, Vol. 5, No. 3/4, 2009.

Vos B. D., Birger R. M., "Vertical and Horizontal Collaboration in Inventory and Transportation", *Computational Management Science*, No. 5, 2015.

Vos B. D., Birger R. M., Hageback C. A., Segerstedt, "The Need for Co – Distribution in Rural Areas – A Study of Pajala in Sweden", *International Journal of Production Economics*, Vol. 89, No. 2, 2004.

Vsy A., Ars A., Ag B., et al., "A Systematic Literature Review of the

Agro-food Supply Chain: Challenges, Network Design, and Performance Measurement Perspectives", *Sustainable Production and Consumption*, No. 29, 2022.

Wallenburg C. M., Schäffler. T., "The Interplay of Relational Governance and Formal Control in Horizontal Alliances: A Social Contract Perspective", *Journal of Supply Chain Management*, Vol. 50, No. 2, 2014.

Wallenburg C. M., Raue J. S., "Conflict and its Governance in Horizontal Cooperations of Logistics Service Providers", *International Journal of Physical Distribution & Logistics Management*, Vol. 41, No. 4, 2011.

Wallenburg C. M., Schäffler T., "Performance Measurement in Horizontal LSP Cooperation as a Field of Conflict: The Preventive Role of Collaborative Processes", *Logistics Research*, Vol. 9, No. 1, 2016.

Wang J., Mo H., Wang F., "Exploring the Network Structure and Nodal Centrality of China's Air Transport Network: A Complex Network Approach", *Journal of Transport Geography*, Vol. 19, No. 4, 2011.

Wang X., Persson G., Huemer L., "Logistics Service Providers and Value Creation through Collaboration: A Case Study", *Long Range Planning*, Vol. 49, No. 1, 2016.

Wen Y. H., "Impact of Collaborative Transportation Management on Logistics Capability and Competitive Advantage for the Carrier", *Transportation Journal*, Vol. 51, No. 4, 2012.

Wesley S., Randall J. E., Mello, "Grounded Theory: An Inductive Method for Supply Chain Research", *Int J Phys Dist Logist Manage*, Vol. 42, No. 8/9, 2012.

Whipple J. M., Russell D., "Building Supply Chain Collaboration: A Typology of Collaborative Approaches", *International Journal of Logistics*

Management, Vol. 18, No. 2, 2007.

Wiengarten F., Humphreys P., Cao G., "Collaborative Supply Chain Practices and Performance: Exploring the Key Role of Information Quality", *Supply Chain Management*, Vol. 15, No. 6, 2010.

Wilhelm M., "Managing Coopetition through Horizontal Supply Chain Relations: Linking Dyadic and Network Levels of Analysis", *Journal of Operations Management*, Vol. 29, No. 7 – 8, 2011.

William F., Kimberly E., Phil K. and Chase R., "Horizontal Collaboration: Opportunities for Improved Logistics Planning", *Intemational Journal of Production Research*, Vol. 58, No. 14, 2020.

Wu Q., Luo X., Slotegraaf R. J., "Sleeping with Competitors: The Impact of NPD Phases on Stock Market Reactions to Horizontal Collaboration", *Journal of the Academy of Marketing Science*, Vol. 43, No. 4, 2015.

Yılmaz H., Çemberci, Murat., "The Role of Collaborative Advantage for Analyzing the Effect of Supply Chain Collaboration on Firm Performance", *International Journal of Commerce and Finance*, Vol. 2, No. 1, 2016.

Zacharia Z. G., Nix N. W., Lusch R. F., "An Analysis of Supply Chain Collaborations and Their Effect on Performance Outcomes", *Journal of Business Logistics*, Vol. 30, No. 2, 2009.

Zaheer A., Gözu, Milanov H., "It's the Connections: The Network Perspective in Interorganizational Research", *Academy of Management Perspectives*, Vol. 24, No. 1, 2010.

Zhang M., Fu Y., Zhao Z., et al., "Game Theoretic Analysis of Horizontal Carrier Coordination with Revenue Sharing in E – Commerce Logistics", *International Journal of Production Research*, Vol. 57, No. 5 – 6, 2019.

Zhang Q., Wang Z., Huang M., Yu Y., Fang S. C., "Heterogeneous

Multi – Depot Collaborative Vehicle Routing Problem", *Transportation Research Part B: Method*, No. 16, 2022.

Zhang X. Y., Sun Z. Z., Zhang Wei, Li Xin, Hu Juan, "What Drives Horizontal Logistics Collaboration? A Grounded Theory Analysis of Chinese Logistics Service Providers", *Science Progress*, Vol. 106, No. 1, 2023.

Zineldin M., "Co – Opetition: The Organisation of the Future", *Marketing Intelligence & Planning*, Vol. 22, No. 7, 2004.

Zollo M., Winter S. G., "Deliberate Learning and the Evolution of Dynamic Capabilities", *Organization Science*, Vol. 13, No. 3, 2002.

Alliance Texas, "Alliance Logistics Park Total Economic Impact from 1990 through 2008", 2013 – 3 – 10, www.alliancetexas.com/Home.aspx.

附录 I 预调查问卷

您好！非常感谢您在百忙之中抽空参与此项调查！

这是一份用于科学研究的调查问卷。本次问卷调查的目的是了解以贵公司为代表的企业与所在园区、中心、开发区内同行开展合作的情况，烦请您填写公司的实际情况和真实想法，您的协助对本研究的顺利进行具有关键性的影响。本次调查不作任何价值评判，您的回答仅用于学术研究，本问卷所获得的结果将不会对您本人和公司产生任何负面影响。作为反馈，我们将在课题研究最后阶段，向贵公司反馈问卷调查的整体情况，并通报研究结论。

填写本问卷大约会花费您 15 分钟时间。

1. 公司名称：_____

2. 公司地址：_____

3. 公司在本园区的正式员工有_____人，其中，管理人员有_____人；临时无固定人事关系的员工有_____人。

4. 您（填写人）在本公司的_____部门工作，职位是_____。

5. 您（填写人）从事物流工作的年限：

☐ 低于 5 年　　　☐ 5—10 年　　　☐ 11—20 年
☐ 20—30 年　　　☐ 高于 30 年

6. 公司的主要性质：
☐ 第三方物流公司　☐ 货代公司　　☐ 传统商贸企业
☐ 生产企业　　　　☐ 运输企业　　☐ 电子商务企业
☐ 快递企业　　　　☐ 信息服务企业
☐ 其他（请注明）_____

7. 贵公司与同行之间进行业务合作吗？
☐ 是（请继续第 8 题）　　　☐ 否（请跳转至第 15 题）

8. 关于公司与同行之间的合作方式，请根据实际情况，选择您认同的选项。

（以下选项中，1 = 从不，2、3、4 = 有时，5、6、7 = 总是）

	1	2	3	4	5	6	7
公司经常会使用同行的物流设备	☐	☐	☐	☐	☐	☐	☐
业务繁忙时，公司会从同行那里借用一些作业人员	☐	☐	☐	☐	☐	☐	☐
公司经常与同行共用集装箱	☐	☐	☐	☐	☐	☐	☐
即使人手不够，公司也不向同行借用作业人员	☐	☐	☐	☐	☐	☐	☐
公司经常与同行拼车运送货物	☐	☐	☐	☐	☐	☐	☐
公司经常帮竞争对手发送零担货物	☐	☐	☐	☐	☐	☐	☐
公司经常和同行共用第三方提供的仓库	☐	☐	☐	☐	☐	☐	☐
公司常会请求同行帮助，以完成客户的临时订单	☐	☐	☐	☐	☐	☐	☐
公司常会获得同行请求，来完成他们的客户临时订单	☐	☐	☐	☐	☐	☐	☐
公司从不和同行共用仓库	☐	☐	☐	☐	☐	☐	☐
公司经常委托竞争对手发送零担货物	☐	☐	☐	☐	☐	☐	☐
公司从不和同行共用卡车	☐	☐	☐	☐	☐	☐	☐
公司的管理者经常私下与同行公司的管理者共享信息	☐	☐	☐	☐	☐	☐	☐
除去临时租赁的情况，公司大量使用同行的仓库	☐	☐	☐	☐	☐	☐	☐

公司从不借用同行的物流操作设备	□ □ □ □ □ □ □
公司的其他员工经常私下与同行公司的员工共享信息	□ □ □ □ □ □ □
除去临时租赁的情况，同行大量使用公司的仓库	□ □ □ □ □ □ □
公司的各类员工不会私下与同行进行信息交流	□ □ □ □ □ □ □
公司会与竞争对手共建信息平台	□ □ □ □ □ □ □

9. 关于公司与同行合作的目的，请根据实际情况，选择您认同的选项。

（以下选项中，1＝完全不赞同，2、3、4＝无所谓，5、6、7＝完全赞同）

	1 2 3 4 5 6 7
解决一些临时问题或者完成应急作业	□ □ □ □ □ □ □
提高服务质量（如速度、配送可靠性等）	□ □ □ □ □ □ □
维持或者提高市场占有率	□ □ □ □ □ □ □
按时完成客户交付的紧急业务	□ □ □ □ □ □ □
在扩展服务范围的同时，提高专业化程度	□ □ □ □ □ □ □
提高核心活动的生产率	□ □ □ □ □ □ □
接近新市场	□ □ □ □ □ □ □
增强竞标实力	□ □ □ □ □ □ □
获取新资讯	□ □ □ □ □ □ □
降低非核心业务费用	□ □ □ □ □ □ □
提升创新能力	□ □ □ □ □ □ □
发挥资源优势提高公司收益	□ □ □ □ □ □ □
提高资源利用率，降低资源使用成本	□ □ □ □ □ □ □
缓和竞争	□ □ □ □ □ □ □
获取资金	□ □ □ □ □ □ □
提升应急反应能力	□ □ □ □ □ □ □

10. 公司对伙伴的信任和对合作做出的承诺，请按照实际情况，选

择您认同的选项。

（以下选项中，1 = 完全不同意，2、3、4 = 不关心，5、6、7 = 完全同意）

	1	2	3	4	5	6	7
愿意主动和伙伴分享信息	□	□	□	□	□	□	□
能够理解伙伴的办事风格	□	□	□	□	□	□	□
公司本着诚实和信用的理念行事	□	□	□	□	□	□	□
公司对伙伴的现有能力和专业能力比较满意	□	□	□	□	□	□	□
伙伴具有独特的商业知识/技能	□	□	□	□	□	□	□
发生问题时，愿意接受伙伴专业的建议	□	□	□	□	□	□	□
与伙伴展开合作时，公司会制定明确的期望和规则	□	□	□	□	□	□	□
选择当前伙伴进行合作有一定的顾虑	□	□	□	□	□	□	□

11. 目前的合作伙伴与公司在以下方面的相似性，请按照实际情况，选择您认同的选项。

（以下选项中，1 = 完全不同，2、3、4 = 不关心，5、6、7 = 完全相同）

	1	2	3	4	5	6	7
组织结构	□	□	□	□	□	□	□
企业文化	□	□	□	□	□	□	□
管理风格	□	□	□	□	□	□	□
人力资源	□	□	□	□	□	□	□
营销能力	□	□	□	□	□	□	□
服务能力	□	□	□	□	□	□	□
管理能力	□	□	□	□	□	□	□
金融实力	□	□	□	□	□	□	□
采购能力	□	□	□	□	□	□	□
信息系统	□	□	□	□	□	□	□
会计系统	□	□	□	□	□	□	□
客户组合（顾客类型）	□	□	□	□	□	□	□

附录Ⅰ 预调查问卷

服务网点	□ □ □ □ □ □
服务类型	□ □ □ □ □ □
核心技术	□ □ □ □ □ □
商业活动	□ □ □ □ □ □

（提示：金融实力主要是指企业的财务稳定性和融资能力等；管理能力主要是指企业管理合作关系和协调合作中的冲突的能力；管理风格是指企业管理偏向于集权化还是分权化。举例来说，公司的融资能力强，合作伙伴的融资能力弱，则金融实力相似性较小。若公司没有考虑过某项能力或不确定，则选择不关心。）

12. 关于合作绩效，请根据实际情况，选择您认同的选项。

（以下选项中，1 = 完全不赞同，2、3、4 = 无所谓，5、6、7 = 完全赞同）

	1 2 3 4 5 6 7
合作实现了公司一开始设置的目标	□ □ □ □ □ □ □
合作有利于提升公司的核心竞争力和竞争优势	□ □ □ □ □ □ □
总体而言，公司对合作绩效非常满意	□ □ □ □ □ □ □
公司获得了预期之外的其他收益	□ □ □ □ □ □ □
公司对合作结果没有考评机制	□ □ □ □ □ □ □

13. 公司与同行进行过_____次合作。

14. 公司与同行合作的平均持续时间为_____个月。

15. 公司与同行合作失败的次数占总合作次数的比例（合作失败是指没有达到合作目的即被终止的合作）大约为_____%（跳转至提交问卷/问卷结束）。

16. 关于公司没有与同行合作的原因，请根据实际情况，选择您认同的选项。①

---

① 本题目在研究正文中没有涉及，在此处出现，仅是为了保持问卷的完整性。

中国横向物流协同研究

（以下选项中，1＝完全不赞同，2、3、4＝无所谓，5、6、7＝完全赞同）

	1	2	3	4	5	6	7
很难找到公司满意的合作伙伴	□	□	□	□	□	□	□
信息系统不对接	□	□	□	□	□	□	□
公司高管不愿合作	□	□	□	□	□	□	□
公司没有任何与同行进行合作的经验	□	□	□	□	□	□	□
无须合作，公司自己可以处理各类事务	□	□	□	□	□	□	□
担心泄露商业秘密	□	□	□	□	□	□	□
担心利益分配或成本分摊不合理	□	□	□	□	□	□	□
可能会发生难以协调的冲突	□	□	□	□	□	□	□

其他原因_____

感谢您参与调研，若您对汇总结果和研究结论感兴趣，请留下电子邮箱，您的信息仅用于此次调研反馈。再次感谢您和贵公司的鼎力支持！

电子邮箱：_____

附录Ⅱ　调查问卷

您好！非常感谢您在百忙之中抽空参与此项调查！

这是一份用于科学研究的调查问卷。本次调查的目的是了解以贵公司为代表的企业与所在园区、中心、开发区内同行开展合作的情况。本次问卷调查不作任何价值评判，烦请您填写公司的实际情况和真实想法，您的协助对本研究的顺利进行具有关键性的影响。您的回答仅用于学术研究，本问卷所获得的结果将不会对您本人和公司产生任何负面影响。作为反馈，我们将在课题研究最后阶段，向贵公司反馈问卷调查的整体情况，并通报研究结论。

填写本问卷大约会花费您 15 分钟时间。

1. 公司名称：_____
2. 公司地址：_____
3. 公司在本园区的正式员工有_____人，其中，管理人员有_____人；临时无固定人事关系的员工有_____人。
4. 您（填写人）在本公司的_____部门工作，职位是_____。
5. 您（填写人）从事物流工作的年限：

☐ 低于 5 年　　☐ 5—10 年　　☐ 11—20 年

☐ 20—30 年　　☐ 高于 30 年

6. 公司的主要性质：

☐ 第三方物流公司　☐ 货代公司　　☐ 传统商贸企业

☐ 生产企业　　　　☐ 运输企业　　☐ 电子商务企业

☐ 快递企业　　　　☐ 信息服务企业

☐ 其他（请注明）_____

7. 贵公司与同行之间进行业务合作吗？

☐ 是（请继续第 8 题）　　　　☐ 否（请跳转至第 15 题）

8. 关于公司与同行之间的合作方式，请根据实际情况，选择您认同的选项。

（以下选项中，1 = 从不，2、3、4 = 有时，5、6、7 = 总是）

	1	2	3	4	5	6	7
公司经常会使用同行的物流设备	☐	☐	☐	☐	☐	☐	☐
业务繁忙时，公司会从同行那里借用一些作业人员	☐	☐	☐	☐	☐	☐	☐
公司经常与同行拼车运送货物	☐	☐	☐	☐	☐	☐	☐
公司经常与同行共用集装箱	☐	☐	☐	☐	☐	☐	☐
公司经常和同行共用第三方提供的仓库	☐	☐	☐	☐	☐	☐	☐
公司经常帮竞争对手发送零担货物	☐	☐	☐	☐	☐	☐	☐
公司经常委托竞争对手发送零担货物	☐	☐	☐	☐	☐	☐	☐
除去临时租赁的情况，公司大量使用同行的仓库	☐	☐	☐	☐	☐	☐	☐
除去临时租赁的情况，同行大量使用公司的仓库	☐	☐	☐	☐	☐	☐	☐
公司的管理者经常私下与同行公司的管理者共享信息	☐	☐	☐	☐	☐	☐	☐
公司的其他员工经常私下与同行公司的员工共享信息	☐	☐	☐	☐	☐	☐	☐

9. 关于公司与同行合作的目的，请根据实际情况，选择您认同的选项。

（以下选项中，1 = 完全不赞同，2、3、4 = 无所谓，5、6、7 = 完

全赞同）

	1	2	3	4	5	6	7
解决一些临时问题或者完成应急作业	□	□	□	□	□	□	□
提高服务质量（如速度、配送可靠性等）	□	□	□	□	□	□	□
维持或者提高市场占有率	□	□	□	□	□	□	□
按时完成客户交付的紧急订单	□	□	□	□	□	□	□
在扩展服务范围的同时，提高专业化程度	□	□	□	□	□	□	□
接近新市场	□	□	□	□	□	□	□
获取新资讯	□	□	□	□	□	□	□
降低非核心业务费用	□	□	□	□	□	□	□
提升创新能力	□	□	□	□	□	□	□
降低人力资源成本	□	□	□	□	□	□	□
减少资源浪费	□	□	□	□	□	□	□
降低物流运作费用	□	□	□	□	□	□	□
缓和竞争	□	□	□	□	□	□	□
获取资金	□	□	□	□	□	□	□
增强竞标实力	□	□	□	□	□	□	□

10. 公司对伙伴的信任和对合作做出的承诺，请按照实际情况，选择您认同的选项。

（以下选项中，1＝完全不同意，2、3、4＝不关心，5、6、7＝完全同意）

	1	2	3	4	5	6	7
愿意主动和伙伴分享信息	□	□	□	□	□	□	□
能够理解伙伴的办事风格	□	□	□	□	□	□	□
公司本着诚实和信用的理念行事	□	□	□	□	□	□	□
对伙伴的现有能力和专业能力比较满意	□	□	□	□	□	□	□
发生问题时，愿意接受伙伴专业的建议	□	□	□	□	□	□	□
与伙伴展开合作时，公司会制定明确的期望和规则	□	□	□	□	□	□	□

11. 目前的合作伙伴与公司在以下方面的相似性，请按照实际情况，选择您认同的选项。

（以下选项中，1＝完全不同，2、3、4＝不关心，5、6、7＝完全相同）

	1	2	3	4	5	6	7
营销能力	□	□	□	□	□	□	□
服务能力	□	□	□	□	□	□	□
采购能力	□	□	□	□	□	□	□
金融实力	□	□	□	□	□	□	□
信息系统	□	□	□	□	□	□	□
组织结构	□	□	□	□	□	□	□
核心技术	□	□	□	□	□	□	□
客户组合（顾客类型）	□	□	□	□	□	□	□
企业文化	□	□	□	□	□	□	□
人力资源	□	□	□	□	□	□	□
管理能力	□	□	□	□	□	□	□
管理风格	□	□	□	□	□	□	□
服务网点	□	□	□	□	□	□	□

（提示：金融实力主要是指企业的财务稳定性和融资能力等；管理能力主要是指企业管理合作关系和协调合作中的冲突的能力；管理风格是指企业管理偏向于集权化还是分权化。举例来说，公司的融资能力强，合作伙伴的融资能力弱，则金融实力相似性较小。若公司没有考虑过某项能力或不确定，则选择不关心。）

12. 关于合作绩效，请根据实际情况，选择您认同的选项。

（以下选项中，1＝完全不赞同，2、3、4＝无所谓，5、6、7＝完全赞同）

	1	2	3	4	5	6	7
合作实现了公司一开始设置的目标	□	□	□	□	□	□	□
合作有利于提升公司的核心竞争力和竞争优势	□	□	□	□	□	□	□

附录Ⅱ 调查问卷

总体而言，公司对合作绩效非常满意	□	□	□	□	□	□
公司获得了预期之外的其他收益	□	□	□	□	□	□

13. 公司与同行进行过_____次合作。

14. 公司与同行合作的平均持续时间为_____个月。

15. 公司与同行合作失败的次数占总合作次数的比例（合作失败是指没有达到合作目的即被终止的合作）大约为_____%（跳转至提交问卷/问卷结束）。

16. 关于公司没有与同行合作的原因，请根据实际情况，选择您认同的选项。①

（以下选项中，1=完全不赞同，2、3、4=无所谓，5、6、7=完全赞同）

	1	2	3	4	5	6	7
很难找到公司满意的合作伙伴	□	□	□	□	□	□	□
信息系统不对接	□	□	□	□	□	□	□
公司高管不愿合作	□	□	□	□	□	□	□
公司没有任何与同行进行合作的经验	□	□	□	□	□	□	□
无须合作，公司自己可以处理各类事务	□	□	□	□	□	□	□
担心泄露商业秘密	□	□	□	□	□	□	□
担心利益分配或成本分摊不合理	□	□	□	□	□	□	□
可能会发生难以协调的冲突	□	□	□	□	□	□	□

感谢您参与调研，若您对汇总结果和研究结论感兴趣，请留下电子邮箱，您的信息仅用于此次调研反馈。再次感谢您和贵公司的鼎力支持！

电子邮箱：_____

---

① 本题目在研究正文中没有涉及，在此处出现，仅是为了保持问卷的完整性。

附录Ⅲ 深度访谈题目

企业经理

一 被访谈对象一般信息（用于考察被访者的基本情况，比如对行业和企业是否熟悉等）

1. 公司名称：
2. 您的职位：
3. 您的主要职责：
4. 您在此职位供职的时间：
5. 您在这个集群（园区、经济开发区）工作的时间：
6. 您曾做过其他何种与物流相关的工作？

二 公司区位与集群信息

1. 贵公司在这里有多久了？
2. 公司为何会选址于该集群（园区、经济开发区）内部？

公司为何不入驻旁边的物流集群（园区、经济开发区）？

3. 您知道其他的物流集群（园区、经济开发区）吗？
4. 您认为在物流集群（园区、经济开发区）中会获得额外的利益吗？

三 关于横向物流协同

1. 您的公司和其他同行公司有合作行为吗？它们位于何处？

2. 您能举出一些例子吗，比如合作是何时开始的，是谁先接触谁？

3. 合作过程中是否有任何的约束机制？

4. 合作的效果如何？

5. 您的公司为什么选择（不）与其他公司合作？

园区管委会（集群、经济开发区、货运中心）负责

一 被访谈对象一般信息（用于考察被访者的基本情况，比如对行业和企业是否熟悉等）

1. 园区（集群、经济开发区）名称：

2. 您的职位：

3. 您的主要职责：

4. 您在此职位供职的时间：

5. 您在这个园区工作的时间：

6. 您曾做过其他何种与物流相关工作的，任职时间如何？

二 集群（园区、经济开发区）信息

1. 园区（集群、经济开发区）建成多久了？

2. 该园区内企业的数量、规模如何？

3. 园区用何种方式吸引企业入驻？

4. 您知道其他的物流集群（园区、经济开发区）吗？它们的情况如何？

5. 您认为企业"出城入园"是大势所趋吗？企业入驻物流集群（经济开发区、园区）中会获得额外的利益吗？

三 关于横向物流协同

1. 园区（集群、经济开发区）内企业与同行之间有合作行为吗？同行位于何处（园区内外）？

2. 您能举出一些例子吗，比如双方的合作是何时开始的，是谁先接

触谁；园区（集群、经济开发区）方面中是否为企业提供过这样的机会？

3. 企业之间的合作过程中是否有任何的约束机制？

4. 合作的效果如何？

5. 企业为什么选择（不）与其他公司合作？

政府官员

一 被访谈对象一般信息（用于考察被访者的基本情况，比如对行业和企业是否熟悉等）

1. 单位名称：

2. 您的职位：

3. 您的主要职责：

4. 您在此职位供职的时间：

5. 您的工作主要接触的物流集群（园区、经济开发区）和企业有哪些，何时开始接触？

6. 您曾做过其他何种与物流相关的工作，任职时间如何？

二 集群（经济开发区、园区）信息

1. 您主要接触的集群（园区、经济开发区）建成多久了？

2. 集群（园区、经济开发区）内企业的数量、规模如何？

3. 集群（园区、经济开发区）用何种方式吸引企业入驻？

4. 您了解其他的物流集群（园区、经济开发区）吗？它们的情况如何？

5. 您认为企业"出城入园"是大势所趋吗？企业入驻物流集群（经济开发区、园区）中会获得额外的利益吗？

三 关于横向物流协同

1. 您了解的园区（集群、经济开发区）内企业与同行之间有合作行为吗？同行位于何处（园区内外）？

2. 您能举出一些例子吗，比如双方的合作是何时开始的，是谁先接触谁；集群（园区、经济开发区）方面是否为企业提供过这样的机会？

3. 企业之间的合作过程中是否有任何的约束机制？

4. 合作的效果如何？

5. 园区内的企业为什么选择（不）与其他公司合作？

高校教授、学者

一　被访谈对象一般信息（用于考察被访者的基本情况，比如对行业和企业是否熟悉等）

1. 单位名称：

2. 您的研究领域：

3. 您关注该研究领域的时间：

4. 您在此单位供职的时间：

5. 您的研究关注的物流集群（园区、经济开发区）和企业有哪些，何时开始接触？

6. 您曾做过其他何种与物流相关的工作，时间如何？

二　集群（经济开发区、园区）信息

1. 您主要关注的集群（园区、经济开发区）建成多久了？

2. 集群（园区、经济开发区）内企业的数量、规模如何？

3. 集群（园区、经济开发区）用何种方式吸引企业入驻？

4. 您了解其他的物流集群（园区、经济开发区）吗？它们的情况如何？

5. 您认为企业"出城入园"是大势所趋吗？企业入驻物流集群（经济开发区、园区）中会获得额外的利益吗？

三　关于横向物流协同

1. 您关注的集群（园区、经济开发区）内企业与同行之间有合作行为吗？同行位于何处（园区内外）？

2. 您能举出一些例子吗，比如双方的合作是何时开始的，是谁先接触谁；集群（园区、经济开发区）方面是否为企业提供过这样的机会？

3. 企业之间的合作过程中是否有任何的约束机制？

4. 合作的效果如何？

5. 园区内的企业为什么选择（不）与其他公司合作？

物流学会工作人员

一　被访谈对象一般信息（用于考察被访者的基本情况，比如对行业和企业是否熟悉等）

1. 单位名称：

2. 您的职位：

3. 您的主要职责：

4. 您在此职位供职的时间：

5. 您的工作主要接触的物流集群（园区、经济开发区）和企业有哪些，何时开始接触？

6. 您曾做过其他何种与物流相关的工作，任职时间如何？

二　集群（经济开发区、园区）信息

1. 您主要接触的集群（园区、经济开发区）建成多久了？

2. 集群（园区、经济开发区）内企业的数量、规模如何？

3. 集群（园区、经济开发区）用何种方式吸引企业入驻？

4. 您了解其他的物流集群（园区、经济开发区）吗？它们的情况如何？

5. 您认为企业"出城入园"是大势所趋吗？企业入驻物流集群（经济开发区、园区）中会获得额外的利益吗？

三　关于横向物流协同

1. 您了解的集群（园区、经济开发区）内企业与同行之间有合作行为吗？同行位于何处（园区内外）？

2. 您能举出一些例子吗，比如双方的合作是何时开始的，是谁先接触谁；集群（园区、经济开发区）方面是否为企业提供过这样的机会？

3. 企业之间的合作过程中是否有任何的约束机制？

4. 合作的效果如何？

5. 园区内的企业为什么选择（不）与其他公司合作？

（鉴于部分访谈对象不愿公开信息，本书没有列出访谈对象一览表，但对所有41位专家表示感谢！）